U0626106

小盘股
集中投资法

从**10万元**到**1亿元**的
实践圣经

[日] 远藤洋　著

10万円から始める！

小型株集中投資で 1億円 実践バイブル

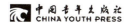
中国青年出版社
CHINA YOUTH PRESS

图书在版编目（CIP）数据

小盘股集中投资法：从10万元到1亿元的实践圣经／（日）远藤洋著著；金香兰译.
—北京：中国青年出版社，2022.12
Ⅰ.①小… Ⅱ.①远…②金… Ⅲ.①股票投资－基本知识 Ⅳ.①F830.91
中国版本图书馆CIP数据核字（2022）第201788号

10MANEN KARA HAJIMERU! KOGATAKABU SHUCHUTOSHI DE 1OKUEN "JISSEN
BIBLE" by Hiroshi Endo
Copyright © 2020 Hiroshi Endo
Simplified Chinese translation copyright © 2022 by China Youth Book, Inc. (an imprint of
China Youth Press)
All rights reserved.
Original Japanese language edition published by Diamond, Inc.
Simplified Chinese translation rights arranged with Diamond, Inc. through BARDON
CHINESE CREATIVE AGENCY LIMITED.

小盘股集中投资法：
从10万元到1亿元的实践圣经

作　　者：［日］远藤洋
译　　者：金香兰
策划编辑：刘　吉
责任编辑：肖　佳
美术编辑：张　艳
出　　版：中国青年出版社
发　　行：北京中青文文化传媒有限公司
电　　话：010–65511272／65516873
公司网址：www.cyb.com.cn
购书网址：zqwts.tmall.com
印　　刷：大厂回族自治县益利印刷有限公司
版　　次：2022年12月第1版
印　　次：2022年12月第1次印刷
开　　本：880×1230　1／32
字　　数：150千字
印　　张：9
京权图字：01-2022-3500
书　　号：ISBN 978-7-5153-6812-2
定　　价：69.00元

版权声明

　　未经出版人事先书面许可，对本出版物的任何部分不得以任何方式或途径复制或传播，包括但不限于复印、录制、录音，或通过任何数据库、在线信息、数字化产品或可检索的系统。

中青版图书，版权所有，盗版必究

炒股<u>赚</u>钱的人

有投资策略的人

提前就能认识和把握企业的情况

总是能够用全面客观的视角审视股市

不关注股价的浮动，而是关注走势和新闻

认为在反复止损和获利后，总体盈利就好

利用推特了解周围人群的活跃程度

一旦投资了就能做到稳健不动摇

在投资之前已预估到可能赚多少

能想象到持有的股票能涨到什么程度

交易时，不受情绪左右，注重投资策略

对眼前的股价波动，做到内心毫不动摇

对于当发生何种情况时应止损的规则非常清晰

资金管理做得非常好

他人推荐的股票必须亲自调查后再购买

在投资之前已预估可能损失多少

能够明确地解释"为什么要买那只股票？"

对于当发生何种情况时应平仓获利的规则非常清晰

能够预想到股价下跌的情况

区别就在这里！

赔钱的人

没有投资策略的人

赚到钱时，认为是全凭"自己的实力"；赔钱时，认为自己"运气不好"

一旦股价下跌就套牢后置之不理

过分在意股票价格

投资额已超出了自己可自由支配的金额

即使股价上涨也判断不出卖出的时机

相信自己买的股票会涨

喜欢浏览"yahoo！金融"留言板

对自己过去的成功经验念念不忘

心情随着股价涨跌忽喜忽悠

没做好亏损的心理准备

股价一下跌就认为是机会便买入

购买推特上的投资者介绍的股票

不会止损

别人推荐什么股票就买什么股票

凭自己的感觉和心情进行交易

目录

CONTENTS

步骤 **2** 制定一个"投资策略"吧

步骤 **3** 找到"上涨股"的方法

步骤 6 买完股票后应该如何做?

步骤 7	持仓股票暴跌时，应该如何处理？

后记	新冠肺炎疫情冲击的背后

集中投资小盘股可不是投机

集中投资小盘股
与外汇以及期货的区别是什么

最近不仅投资股票的人增多了，炒外汇、做商品期货交易以及交易（短期买卖）暗号资产（虚拟货币资产）等的个人投资者也增多了。

这些交易都是一边看着图表（基于"K线""成交量柱形图""移动平均线"这三个要素表示价格变动的图表），一边在数小时或数分钟内，有时甚至是数秒内反复进行买卖，试图从中赚取利润的。

一提到"集中投资小盘股"，就有很多人会想到上面那样的交易画面，可实际却并非如此。完全是另外一回事情。

资金的管理可以大体分为"投资"和"投机"。短期买卖的交易属于"投机"，而集中投资小盘股则正如同其名，是一种"投资"。

相较于投机交易需要每时每刻盯着图表重复买卖而言，集中投资小盘股则是一旦买入后，基本就是等待企业的成长了。

此外，投机交易是押注于眼前"股价走势"的，而集中投资小盘股则是押注于公司"未来价值"的。也就是说，集中投资小盘股是指寻找并投资于那些股价有望在未来大幅上涨的"成长型公司"。

如果投资的那家公司的价值提升了，那么"整张饼"（**等同于市值：买下整个公司时的价格**）就变大了，所以投资这个公司的全员都可能获得利润。这就叫"加和游戏"（"加和"在英语中的意思是"合计"）。

而投机交易是不能让参加者全员赚钱的。假设有人赚了100万日元，那么在其背后就一定有人损失了100万日元。这是一种有人赚钱就一定有人赔钱的游戏。

　　不只是外汇和期货，在股票、债券等的交易中，只要是在几天到一周内重复买卖的波段交易，那就属于投机。

　　你是选择"零和游戏"还是"加和游戏"，这个选择会对你以后的资产造成巨大的差异。

　　相比"零和游戏"，推荐大家"加和游戏"是自不必说的，而且在"加和游戏"中，对于本金有限的个人投资者来讲，若想有效增加资产，选择集中投资小盘股还是最有效的。

	股票	投资信托·ETF	外汇交易	期货交易
投资对象	多		少	
投资期限	短一长	长	短	
需要监控	无		有	
交易次数	少		多	
游戏类型	加和游戏	证券公司获利的游戏	零和游戏	
暴富者	非常多	无	只有一少部分	
投资之后	定期利用短时间确认股价和新闻	几乎不需要管	在平仓之前紧盯屏幕，必须确认股价走势图及技术指标	
重视的要点	公司的业绩会不会上涨	手续费的低廉	眼前的价格是上涨还是下跌	

※但是，在股市的投资上也进行短期交易的话就与炒外汇和期货一样了。

让金钱和时间发挥最大效用的投资方法

我认为在人的一生中，最宝贵的资源就是"时间"了。我曾经有段时间做过外汇之类的交易。但那时，醒着的大部分时间都要面对着图表度过。这让我深刻地意识到自己丢掉了用来享受人生的宝贵时间。

那是发生在2016年6月23日的事情。这天是英国举行是否要脱离欧盟（欧洲联盟）的国民投票日，从早上开始外汇市场的英镑就一直在贬值。

我盯着电脑屏幕不断地做着英镑与日元之间的买入和卖出，由于震荡过于激烈，视线一直没能离开电脑屏幕，甚至连中午的约会都给错过了。结果在当天的几个小时的交易中，外汇账户里的金额增加了两倍。

虽然这样，我总是感觉自己失去了非常重要的东西，失落至极。把每天的时间都投入到交易中可能会赚很多钱，但就算赚再多的钱，如果失去了享受人生的宝贵时间，那么还有什么意义呢？以此经历为契机，我果断地切断了交易（投机），决定只专注于做投资。

在经历了投机和投资之后，我最终得出的结论是："集中投资小盘股"是能够让金钱和时间发挥最大效用的投资方法。

如果掌握了集中投资小盘股的方法，就可能拥有在一年中有半年以上在海内外旅游的生活。在与朋友们共同进餐、饮酒、享受快乐的时候，再也不需要始终惦记眼前的股价以及经济指标的变化了。

实际上，我是为了实现自己的生活方式才找到了"集中投资小盘股"的方法的，于是辞去公司职务，选择了投资者的生活方式。

为了实现"时间自由""经济自由"两不误，有什么好办法呢？那就是"集中投资小盘股"。

本书将对如何解读图表以及买卖盘（按股价列出的买卖订单列表）进行深入的说明。当然，这仅是提升"集中投资小盘股"精度的一个工具，并不是在推荐大家做短线交易。

股票市场中也存在日内交易员和波段交易员，他们的投资判断以及买卖动向是绝对不可以无视的。

在各种类型的投资者鱼龙混杂的市场中，可以一边想象自己以外的那些看不见的投资者们（想着什么、会持有怎样的立场及看法）一边思量自己的投资策略，这对解读图表以及买卖盘的知识是很有帮助的。

集中投资小盘股只需偶尔确认一下就可以，做到投资游刃有余
投机交易需紧盯股价图表，没有富余时间

好了，接下来就要讲具体的内容了，在我之前出的另一本书的内容基础之上，向大家介绍一下更加具有实战性的集中投资小盘股的方法。

如果你已经读过上一本书，那么可以再重新翻阅一遍，因为这样会让你更加深刻地理解本书的内容。

那么，闲言少叙，我们开始吧！

1

重要的不是看"股价"，而是看"市值"

要养成关注
"市值"的好习惯

很多投资者只关注"股价",而不关注"市值"。然而,**市值才是衡量各只股票本质上有无增长空间的尺度。**

在集中投资小盘股时,会以市值小的企业(市值300亿日元以下)作为主要投资对象。其理由,简单地说就是因为**"市值小的股票有更大的增长空间"**。

丰田汽车(7203)是日本市值(20万亿日元的规模)最大的企业,若要使其市值变成3倍(即股价涨到原来的3倍),就需要重新创造40万亿日元的总市值才能实现。

销售额30万亿日元、营业利润略低于2万5千亿日元(2020年3月年度财务报告数据)的丰田汽车,在几年内将现在的业绩增加几倍,创造出40万亿日元市值的可能性可以说是微乎其微的吧。

但是,**像市值100亿日元的小盘股,它的股价要变成3倍,只需要重新再创造出200亿日元的市值就可以了。如果是这样的话,还是比较现实的。**

通常,日本的上市企业的平均PER(股价收益比率)在15倍左右。这个指标意味着如果按照现在的市值把整个公司买下,并按照公司现在的利润持续运营15年,就可以把购买公司时投入的资金全部回收。如果是PER比较低的股票,就会被视为股价相对便宜。如果低于15倍,就会被视为股价特别便宜了。

以此为基础来计算,想要市值一年增长200亿日元的话,将年利润增加13.3亿日元就能达成。

如果这只小盘股是广告行业的交易品种，那么只要获得丰田汽车每年约1000亿日元广告费的2%—3%，就能实现股价3倍的目标了。

为什么推荐小盘股呢

集中投资小盘股，其实也是个人投资者积累巨额资产的最佳捷径。

对于一般的公司职员来讲，想要通过少量的资金开始投资，经过几年使资产增加一位数或两位数的话，集中投资小盘股是一条捷径，这就是我的结论。

简而言之，股票根据不同市值，大体上可以分为"大盘股""中盘股""小盘股"。日本的上市公司有3719家（截至2020年

8月），其中大盘股是市值以及流动性高的前100只股票，中盘股是仅次于大盘股的市值以及流动性高的400只股票，小盘股是剩下的不包含大盘股和中盘股的全部股票（约3200只股）。

在其中，我把投资目标锁定在了"小盘股"上（特别是市值在300亿日元以下的）。有些人喜欢投资那些人尽皆知的大企业的股票，但是，那些大盘股已经大幅上涨，相比小盘股的成长空间较小。

要投资的公司尚无名气是无关紧要的。要投资，就去投那些今后有发展、有望成名的企业吧。投资中应注重的是"未来的企业规模"，而不是"当前的企业规模"，这一点是非常关键的。

今后的增长空间越大，股价上涨的可能性就越高，可以期待的投资回报也就越高。这就是应该投资小盘股的一个重要原因。

投资小盘股也是个人投资者独有的投资策略。

那些管理大量资金的"对冲基金"，以及日本养老储备金管理运营的独立行政法人"GPIF"等机构的投资家们，由于他们的买卖本身就会引起股价的大幅震荡，所以他们很难投资小盘股。

相反，与机构投资家相比，投资金额较少的个人投资者却可以轻松地投资这种小盘股。

△大盘股·中盘股=规模已经很大，增长空间不多了……
◎小盘股=规模还比较小，增长空间非常大！

为什么要集中投资呢

另外还有一点，那就是为什么要"集中投资"呢？

关于这一点，可以想象一下你正在照料孩子。请问"同时养育10个孩子"和"只养育一个孩子"，哪一种情况你会照料得更好呢？

不言而喻，当然是只养育一个孩子的时候照料得更好了。同样的道理，在投资股票时也是如此。

如果同时分散投资在多只股票上，那么无论如何都会出现"顾不过来"的不利局面。特别是公司职员等那些兼职的投资者，投资会与他们繁忙的本职工作重叠，对这样的人群来讲，投资目标越多，就越顾不过来。

投资于不同股票的数量当然也与管理的资金数额有关，但不管怎么说，对于个人投资者来讲，最好的投资策略还是"集中投资"。

如果对多只股票进行分散投资的话，选择股票时，在收集信息方面就会变得非常复杂。可是，**如果要求你"只能选择一只股票"的话，你就会对公司进行更加慎重的调查，在投资之后，对信息的了解和把握方面也会变得更加详尽。**

本来的目的是想通过分散投资降低风险，可是因为管理不到位，反倒增添了风险。这也是推荐大家集中投资的原因。

在投资界有"鸡蛋不能放在同一个篮子里"的说法，意思就是相比投资个别股票，分散地投资多个行业（部门）、多个市场（国家）、多个资产类别（不仅仅是国内的股票，还有国外的股票以及债券）可以减少整体的投资风险，在业内这是一种常识。

可是这种投资原则是对于管理数亿资产的投资家和机构投资家来讲的，对于投资数十万日元、数百万日元的个人投资者来讲，集中投资才是更能减少风险的。如果是我，就会对那些想要把资产增加一个数量级甚至两个数量级的个人投资者这样讲。

"鸡蛋就要放在一个篮子里，但是，至于放在哪个篮子里，拼尽全力选择吧！"

用5个级别判断"投资者的等级"

要想提高集中投资小盘股的成果，投资者就有必要认清"自己的水平"，明确地意识到作为一个投资者，自己努力的方向在哪里。

通过下一页将投资者分为5个级别的金字塔图形，我想，大多数的读者朋友都分类在1—3的级别里。

能够持续创造利益的投资者都在第4等级以上，这就是我们的目标。

可是，在第3等级和第4等级之间有一个非常难以逾越的鸿沟。不论投资经验多么地丰富，如果对投资的理解有误，那么这道鸿沟就将无法逾越。

反过来讲，只要理解没有错误，那么短期内就可以跨越这道鸿沟，到达第4等级了。关于应该如何理解这些，我想在本书中介绍给大家。

投资者实力的5个等级（目标是达到第4等级以上）

第5等级 —— 资本所得>劳动所得
在成功投资者的社交圈内

第4等级 —— 有投资判断的理念
可以在持续的投资中创造利润

无法逾越的鸿沟

第3等级 —— 投资经验丰富
虽然有知识，但是有时赚钱、有时赔钱

第2等级 —— 买过股票
现在准备进行正规的学习

第1等级 —— 没有投资经验
资产只有银行存款和邮政储蓄

"成功的投资者" 和 "失败的投资者" 的区别

想要成为第4等级以上的成功投资者，就要理解他们在行为方式上与第3等级以下的无法成功的投资者之间的差异，就此，在下一页的表里做了简单易懂的总结。

用一句话来讲，他们在投资上的区别就是，第3等级以下的投资者是"感觉优先"的，而第4等级以上的投资者却是"策略优先"的。

就像"人是感情动物"这句话一样，即便我们自己想要沉着冷静地保持平常心，也常常会在无意识间被感情和感觉左右了对事物的判断。

如果是午饭吃什么、要看哪部电影之类的小事情，当场凭着自己的感觉做判断当然也是没问题的，可是，如果做投资判断也凭感觉的话，赔钱的可能性就大了。

在信息的收集上，第3等级以下的投资者，也常常凭感觉，只要是认为有利的信息，就什么都要掌握。但是第4等级以上的投资者却是根据自己明确的标准来做取舍的。

还有在投资手法上，第3等级以下的投资者喜欢尝试各种手法，但常常陷入不利的局面。而第4等级以上的投资者，却总是聚焦于自己擅长的手法进行投资。

在这些区别中，成功的投资者与失败的投资者之间，最大的区别还是"视野的宽窄"。

第3等级以下的投资者，常常只关注自己持有的股票。而第4等级以上的投资者，除了关注自己持有的股票之外，还会关注"周围的投资者都是如何做判断的""这会让股价如何变化"，像这样，他们同时还具备能够退一步总揽全局的思考能力。

	无法成功的投资者	成功的投资者
止损	凭感觉和情绪，很容易被套牢	有明确的规则
选股的方法	对于热门的品种总是跃跃欲试	缩小范围，集中选择熟悉的领域
投资的取向	很多事情都是半途而废	专注于自己擅长的事情
新闻的获取方式	阅读所有的新闻	除了重要的新闻以外，其他的新闻都是流水式浏览
"公司季报"的读法	从头到尾全都看一遍	带着明确的目的去读

	无法成功的投资者	成功的投资者
投资的时机	认为时机已过，不采取任何行动	按照投资策略采取行动
股价波动与自己预想的相反时	凭感觉而动	有自己明确的规则
对待重要的信息	全盘接受	自己分析和揣摩信息背后的真相
听到他人推荐股票时	认为时机已过不采取任何行动/什么都不思考就买入	亲自调查后再做判断
投资的风格	坚持自己的方法	模仿成功的人的做法
投资的股票大幅上涨时	想着用赚到的钱买些什么	冷静地考虑卖出的时机
发生意想不到的情况时	把责任归咎于环境和他人	早已想好发生意外情况时的应对策略
购物时	哪怕价格低1日元，也要买便宜的	不买价格高的东西，只买价值高的东西
时间与金钱的优先顺序	节省金钱胜于节省时间	节省时间胜于节省金钱
读书时	自以为是，持批判的态度	试图从书中找出对自己有益的信息
PER（股价收益比率）PBR（股价净值比）	想从指标中寻求爽快的答案	指标最多只能当作一个参考
遭受大损失时	决定以后再也不做投资了	思考不犯同样错误的方法
证券公司的业务员打来电话时	听听他们说的，然后决定是否购买	认为业务员因卖不出去产品而苦恼中

你有"投资策略"吗

请问，你是不是凭借感觉漫无目的地进行投资呢？在股票上亏损的人，大部分都是因为这种盲目投资。

他们正好碰上好运气，出现股价上涨、账面盈利时就想"趁着还盈利的时候卖了落袋为安"，于是就平仓获了利。相反，在股价下跌已经出现账面亏损时还认为"早晚都会涨回来"，凭这种毫无根据的自信，当然就会将股票套牢在手里了。

如果总是进行这种漫无目的的投资，那么最终亏损就是理所当然的了。事实上，许多投资者最后就是以这样的方式不得不退出股票市场的。

投资股票时，不管炒股有多专业，都不可能做到百战百胜。但是，即使他们因预判失误受到了一些损失，也能做到从整体上弥补损失之后仍有剩余的利润，所以总体来讲是成功的。

预测股价的走势，将账面利益最大化；相反，如果有账面损失，就尽快平仓止损，将损失最小化。这是股市投资的基础中的基础。但是，很多失败的投资者却是做着与此相反的操作。

所有条件都满足了就买！3个关键点

在股票投资中，相较于"买入"或"卖出"的决定，做出"不投资"的决定会更多。

在股市投资中，不存在棒球比赛时的那种"三振出局"的规则。所以，无论你有多少次的避而不投，都不会受到正面或负面的冲击。

当然会有因为当时没有买入，而后来股票上涨让你感到后悔，认为"当时要是投资就好了……"的情况。不过，这样的经历也可以作为"曾经错失的情况"让你积累经验，并且可以将其运用于下次的投资判断中，所以这不是什么失败。

在经历多次避而不投的过程中，可以不断地积累对"上涨趋势""横盘趋势""下跌趋势"等之间差异的认知，投资判断的精度也会因此得到磨炼与提升。

道理虽然如此，可我们还是会期待从一开始就能避免亏损赚取利润。所以，在此我想告诉大家一些"具备了这个条件就买入""满足了这个条件就绕过"之类的投资判断指南。

找到满足所有条件的股票，可不是一件容易的事情，甚至可能会让你因无法进行投资而心急如焚。可是，如果你想"竭尽所能地避免损失"，就有必要放弃不符合条件的投资。

所有条件都满足了就买！3个关键点

 股价有潜力变为 3 倍（= 市值变为 3 倍）

 商品及服务的需求高

 正处于股价随着"成交量"的增加而上涨之际

让我们分别来看一下吧。

 股价有潜力变为 3 倍（ = 市值变为 3 倍）

也就是"股价变为3倍 = 市值变为3倍"。如果市值为100亿日元的公司股价要变为3倍（市值300亿日元），就需要重新向社会提供200亿日元的价值。换句话说，关键在于是否具备将当前业绩（尤其是利润）变成3倍的潜力。

 商品及服务的需求高

为了将公司的业绩提高至3倍，公司的商品或服务的销量需提高至3倍。那么，要开发的商品或服务是否是众多消费者"渴求"的东西呢？我们一定要冷静地看清这个看似简单却非常关键的本质。

 正处于股价随着"成交量"的增加而上涨之际

我们都希望能在股价上涨前的最低点时进行投资，可实际上，这一时点只有神才知道。股价伴随着成交量（一天中的股票买卖成交的数量）增加而上涨的时候，基本上就是最好的投资时机了。把那些单纯地只是"跟随上涨趋势一起持续上涨的股票"列在其中也是没有问题的。

或许这3个条件全部具备的股票很少见。但也正因如此，一旦遇上那便是一个巨大的投资机会了。

只要有一个条件满足就放弃！
3个关键点

接下来要介绍的是，为了在投资股票中尽可能避开损失的几个关键点。这里所说的损失还包括"机会损失"（"机会损失＝失去了本来可以获得的利益"）。

只要有一个条件满足就放弃！3个关键点

☑ **股价没有潜力变成 3 倍（＝总市值变成 3 倍）**

☑ **股价几乎没有波动**

☑ **股价短期上涨已经结束**

☑ **股价没有潜力变成 3 倍（＝总市值变成 3 倍）**

对于股价几乎没有潜力变成3倍（股价变成原来的3倍＝总市值变成3倍）的股票，最好不要投资。投资原本就是需要承担风险的事情。花100万日元购买股票就要承担损失100万日元的风险。虽说变成零的风险微乎其微，但可能会亏本的风险总还是要承担的，所以在这种情况下，仅仅期待+10%或+20%左右的回报是很不划算的。既然要拿出宝贵的金钱，而且还要承担风险去投资，那么就把投资目标锁定在股价可能变成3倍的股票吧。

 股价几乎没有波动

　　对于那些股价没有变动的股票，或许有人会认为是个抄底买入的机会。但是，不管潜力有多大的股票，如果没有投资者关注它、没人实际买入的话，股价是不会上涨的。就算投资了，股价也常常处于毫无波动的状态，等到你无法忍受，前脚刚刚卖出后脚就上涨了。就算公司的潜力大，只要还是未被投资者关注的股票，那么就将其暂时放到"上涨了就买入清单"里吧。这样的股票等到它们被关注了，股价开始上涨的时候再买入也为时不晚。

 股价短期上涨已经结束

　　短期内股价上涨的股票，如果并不是由业绩大幅上涨而推动的，那么一般都会伴随着快速下跌的风险。如果错过了在股价上涨之初的购买机会，那么就没有必要特意买入已经上涨超过一个星期的股票或者是在推特、雅虎等财经论坛上热门的股票了。因为那样的股票已经被很多投资者持有，并且都在等待着平仓获利的时机，所以股价下跌的风险很高。

LONG 1 COLUMN

有钱人都持有股票

　　根据瑞士的金融巨头"瑞士瑞信银行"的《全球财富报告》(2019年版)，全球人口的1%(最富有的阶层)占据了全球约44%的财富，排在前10%的人占据了全球约82%的财富，另外占全球人口半数以上的低收入阶层所持有的财富只占整体的1.8%。

　　只有极少一部分富人掌握了大部分的财富，这就是这个世界的现实情况。让我们看一看美国经济杂志《福布斯》每年都发布的"世界富豪榜""日本富豪榜"(2020年资产额)吧。

世界富豪榜		
第1位	13.5900万亿日元	杰夫·贝索斯　亚马逊(美国)
第2位	11.2700万亿日元	比尔·盖茨　微软(美国)
第3位	9.9800万亿日元	贝尔纳·阿尔诺　LVMH(法国)
第4位	8.2200万亿日元	沃伦·巴菲特　伯克希尔·哈撒韦(美国)
第5位	7.900万亿日元	劳伦斯·约瑟夫　甲骨文(美国)
第6位	7.400万亿日元	马克·扎克伯格　脸书(美国)
第7位	6.9300万亿日元	阿曼西奥·奥特加 印第迪克＜ZARA＞(西班牙)
第8位	6.5400万亿日元	史蒂夫·鲍尔默　微软(美国)
第9位	6.500万亿日元	拉里·佩奇　谷歌(美国)
第10位	5.9200万亿日元	山姆·沃尔顿　沃尔玛(美国)

日本富豪榜		
第1位	2.3870万亿日元	柳井正　日本迅销有限公司
第2位	2.1940万亿日元	孙正义　软银集团
第3位	2.1190万亿日元	泷崎武光　KEYENCE
第4位	1.0060万亿日元	佐治信忠　三得利控股公司
第5位	0.6320万亿日元	高原豪久　尤妮佳公司
第6位	0.5780万亿日元	三木谷浩史　乐天网
第7位	0.5030万亿日元	重田康光　光通信
第8位	0.4390万亿日元	毒岛秀行　三共机械
第9位	0.4280万亿日元	似鸟昭雄　NITORI
第10位	0.4170万亿日元	森章　森托莱斯特集团

　　这些资本家的共同点就是他们都"持有股票"。有杰夫·贝索斯先生（亚马逊创始人）、拉里·佩奇先生（谷歌的联合创始人）、孙正义先生（日本软银创始人）这些持有自己公司股票的人，也有像沃伦·巴菲特先生（美国投资公司伯克希尔·哈撒韦）这样投资其他公司并持有其他公司股票的人。

　　不管是哪一种，其共同点都是通过持有大量的股票积累了巨额的财富。

　　即便调查世界上排名前1万名的资本家，大部分应该也都持有股票吧。股票就是有着如此强大的积累资产的力量。

　　鉴于这些事实，想要通过一代人的努力积累资产，持有股票便是一条必由之路。

　　如果你想成为有钱人，你应该考虑的就是"如何持有具有上涨潜力的股票"。

　　下面有一组参考数据，假设你买了100万日元的刚刚上市的股票，看看会涨到多少钱吧。

> 假设你紧随着上市，投资购买了100万日元的股票，那么现在涨到了多少钱呢？（用日元概算）

- 微软 …………………………………… 20亿日元
- 奥多比系统 …………………………… 17亿日元
- 亚马逊 ………………………………… 13亿日元
- 思科系统 ………………………………… 6亿日元
- 苹果 ……………………………………5.5亿日元
- 耐克 ……………………………………4.8亿日元
- 奈飞 ……………………………………3.8亿日元
- 星巴克 …………………………………2.2亿日元
- 易贝 ……………………………………1.3亿日元

截至 2020 年 8 月

　　实际上，除了经营者以外，从上市后一直持有到现在的人是极为罕见的，但是股票就是具有这种增加资产的巨大力量。

2

制定一个
"投资策略"吧

如何制定"投资周期"和"目标价位"

冒昧问一下，你是否喜欢旅行呢？

正如前面所讲，我一年的大约一半时间都在国内外旅行。旅行可以没有计划，想去哪儿就去哪儿。但是如果做好计划，观光就会很顺利，还能避免意料之外的失败。

股票的投资也是如此，如果准备好了"投资策略"，那么成功的概率就会大幅提高。可实际上，大部分人的投资却是盲目地在碰运气。

与花1000日元左右选择今天的午饭吃什么不同，在数十万日元或者数百万日元的金钱投资上也盲目的话，即便是运气好赚到了，也只能是短暂的，最终资产大幅缩水的概率是很大的。

实际上，有很多投资者在开始做投资几年后就退出股市了。如果不想变成那样，我们怎么做才好呢？

第一步就是要思考"投资周期"和"目标价位"。

例如，假设将目标定为"1年后"股价变成"3倍"。

当然，如果股价顺利地上涨到了目标价位的话，那么就谈不上有什么困难了，但这毕竟只是目标，现实中更多的时候是事与愿违的。

往往是预计股价会上涨而买入的，可之后股价却是蹭蹭地下跌，或者买入之后股价就处于原地不动的状态，不仅如此，你关注的其他股票这时反倒上涨了，甚至有时你刚刚投资的第二天股价就暴跌。

事先就决定好，如果遇到上述情况"应该怎么办"，也就是"投资策略"。换句话说，事先设想各种各样的情形，就可以减少很多"预料之外的事"。

如果进行盲目的投资，那么直到股价下跌的时候才会意识到"是否该平仓止损"。但是，如果事先已经预料到了股价会下跌，并为此想好了应对的方法，那么就不会慌了。

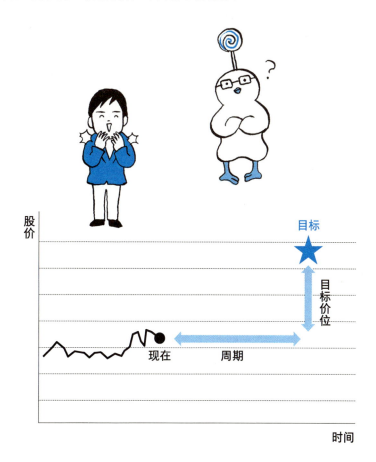

投资前需想到的4个关键点

再具体地考虑一下投资策略吧。

当你想投资某只股票时，要对"整体投资概况""与预期一样，股价上涨时""相比预期，股价没有起色时""与预期相反，股价下跌时"这4个观点逐一进行确认。

→ 整体投资概况

- ☑ 投资的理由是什么？
- ☑ 开发的业务市场规模有多大？
- ☑ 投资周期是多久？
- ☑ 总市值的上限是多少？
- ☑ 总市值的下限是多少？
- ☑ 可承受损失风险的百分比为多少，要争取百分之几的回报率？
- ☑ 投资的期待值是否为正？

→ 与预期一样， 股价上涨时

- ☑ 若想继续持仓，应满足什么条件？
- ☑ 若想卖出股票，应满足什么条件？

➡ **相比预期， 股价没有起色时**

☑ 若想继续持仓，应满足什么条件？

☑ 若想卖出股票，应满足什么条件？

➡ **与预期相反， 股价下跌时**

☑ 若想继续持仓，应满足什么条件？

☑ 若想卖出股票，应满足什么条件？

☑ 什么时候无须多问，应该直接卖出呢？

一边确认以上的项目，一边想好投资之后可能发生的情况。

这样一来，在投资之后，只要以事先想好的方案为标准进行投资判断就可以了，心情就不会再因眼前的股价像坐山车一样忽上忽下了。

不遵守自己的投资策略就不会成功

即使做好了自己的投资策略，也有很多因为没有遵守而失败的情况。

最常见的就是，虽然股价已经超过了预想的"市值上限"，但还是会产生"感觉还会涨，再继续持有一段时间吧"的欲望的情况。

这种毫无根据的"还能上涨"的想法，会干扰你做出冷静的判断，也是让来之不易的平仓获利的时机溜走的元凶。

从结论上讲，**就是一定要遵守自己制定的投资策略。如果在遵守投资策略的前提下，结果却不尽如人意，那就改进投资策略，接着用于下一次的投资中。**

就这样，经过反复的试错，投资策略会变得越来越精准。

但是，如果不遵守投资策略，在最后关头凭感觉盲目投资，那么这次的投资经验就无法活用到下一次的投资中了。

但是，也有例外，那就是需要修改投资策略本身的情况。

若发生下一页所示的投资策略前提被推翻的情况，就需要修改投资策略了。反过来说，除非发生投资策略前提被推翻的情况，否则就不能修改投资策略。

这种情况应该修改投资策略

- 老板被逮捕
- 大股东出售股份
- 业绩急剧恶化
- 在对公司业绩有重大影响的诉讼中败诉
- 商品的召回
- 病毒的蔓延
- 修改了法律
- 最高法院的新判决
- 恐怖袭击以及战争
- 财务欺诈
- 数据造假
- 巨大的自然灾害
- 大型企业倒闭
- 各国政府发表的政策
- 新技术的诞生
- 人们的行为发生巨大改变
- 财务业绩的下调
- 出现强劲的竞争对手商品及服务
- 董事变更
- 公布业务合作
- 影响其他业务的事件

利用设想方案的"期待值"做出投资判断

在研究投资策略的同时，还需评估对该投资的"期待值"。请参考下面的示例。

"顺利的话半年后股价有可能变为1.5倍。但是，这几日的股价已经快速上涨了，如果下周的年报结果不尽如人意的话，那么股价就有可能暴跌一半。"

这种预估换种说法就是这样的。

"承担一周后股价跌至 - 50% 的风险，追求半年后 + 50% 的收益为目标的投资。"

从结论上讲，这种投资还是不做比较保险。

为什么这么说呢？因为如果风险和回报都是 ±50% 的话，虽说看起来损失和收益相同，但从时间轴上看则是"一周后的损失"和"半年后的收益"，这是一个不划算的投资。

因为，这种情况属于一周内遭受损失的风险较高，想赚回同等利润却需要半年时间，从时间成本来衡量的话，整体的期待值是负的。

在另一个投资策略中，比如下面这样的一种情况。

"如果下周的年报结果非常好，那么可能在短时间内涨到1.5倍。由于这只股票不太受人关注，所以即使年报的结果不如人们所期待的那么好，也不会突然被抛售。即便是下跌估计也要用半年时间达到-50%吧。"

这种预估换种说法就是这样的。

"承担半年后股价跌至 - 50% 的风险，追求一周后 + 50% 的收益为目标的投资。"

从结论上讲，虽然风险和回报都是 ±50%，与之前的例子相同，但是从"一周后的利润"与"半年后的损失"这样一个时间轴来衡量的话，整体的期待值是正的。

就像这样，把"相对于预估的风险，可期待的回报有多少"按照正负幅度和时间轴来衡量，如果期待值是正的，就判断做出投资更为有利。

当期待值为负时，做出"放弃投资"的判断也是非常重要的。

参考实际案例试着制定投资策略吧

那么，这次就通过一个实例制定一个投资策略吧。

让我们参考运营漫画APP（漫画BANG！）的东证上市公司"AMAZIA"（4424）的各种数据一起思考一下吧。

4424 Amazia

[来源]MONEX证券（2020年5月13日）

股票名	AMAZIA
年报	9月
成立	2009.10
上市	2018.12
特点	运营免费订阅漫画的应用程序"Manga BANG"。通过广告和部分计费赚取收益。还提供投稿服务。
独立业务	漫画应用程序100（19·9）
行业代码	5250
行业名称	信息/通信行业
年报预增	热门漫画的免费订阅发行成功，人均收费金额超出起初的预想，计费收入增加。广告收入也借着单价上升的趋势而增长。版权使用费等的成本增加、广告费、新应用程序开发的前期投入费用。营业利润大增。
女性行业	以电子漫画为中心，针对女性开发的多种休闲相关内容的娱乐性应用程序开始日期推迟到了6—7月间。正在扩充免费订阅的热门作品，为最赚钱的黄金周做准备。
总部	150-0036 东京都涉谷区南平台町2-17日交涉谷南平台大厦
电话号码	TEL 03-6415-3435
员工数量	〈19.12〉19名（32.6岁）[年]573万日元
行业	通信服务 总市值排名26位/106家企业
证券	[上]东京（主）[干]（主）日兴（副）SBI、ichiyoshi、岩井COSMO、冈三[名]三井住友信[蓝]EY新日本
银行	三井住友、MIZUHO、乐天、三井住友信
网址	https://amazia.co.jp/
股票	1/31 3,328股 总市值326亿日元
供应商	MEDIA DO
销售商	Apple
生产性比较	员工数－人均纯收入8,293万日元（1倍）
雇佣	初‥万日元预定0 内定0（女0）中途7
对比公司	3658 E-BOOK，3981 BEAGLEE，7035 & FACT

截至2020年3月16日

[业绩]	销售额	营业利润	经营利润	纯利益	每股收益（日元）	每股红利（日元）	分红	分红金额（日元）
单17.9*	1,171	−25	−27	−29	−10.0	0	16.9	0
单18.9	1,375	78	77	94	31.8	0	17.9	0
单19.9	3,386	416	396	303	93.5	0	18.9	0
单20.9*预	6,400	680	680	480	144.2	0	19.9	0
单21.9*预	7,500	750	750	510	153.2	0	20.9预	0
单18.10~3	1,314	180	163	126	40.0	0	预计分红利率	−%
单19.10~3预	3,000	350	350	240	72.1	0		
单18.10~12	575	76	62	53	17.5	0	BPS（日元）<单19.12>	
单19.10~12	1,641	296	293	200	60.3	0	359.9	−291.2
会20.9预	5,857	547	542	368	−	（19.11.6）	截至2020年3月16日	

单位：百万日元

[财务]（单19.12）百万日元	
总资产	1,986
注册资本	1,178
自有资本比率	59.3%
资本金	345
未分配利润	492
有息负责	5

[股东][单]1,261名 （19.9）百万元	
股东名称	持股数量/持股比例（％）
佐久间亮辅	120（36.2）
江口元昭	80（24.1）
高盛国际	20（6.1）
MEDIA DO HLD	13（4.2）
日本信托服务银行	13（3.9）
BNY·GCM客户JPRDISGFEAC	8（2.4）
江口弘尚	6（1.6）
（株）VOYAGE VENTURES	5（1.6）
日本MASTA信托服务银行	4（1.3）
KBLEuropean PB107704	4（1.2）
〈国外〉10.2%	<浮动股>10.7%
〈投资信托〉5.6%	<特定股>83.0%

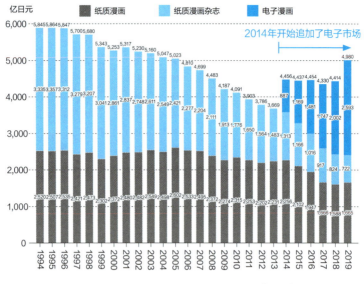

[来源] 出版科学研究所

→ 整体投资概况

● 投资的理由是什么？

销售额从14亿日元→34亿日元→64亿日元，翻倍增长，电子漫画市场也在逐年扩大。销售额急速扩大到数百亿日元规模的可能性很高（因新冠疫情引起的居家需求的增加起到了推波助澜的作用）。由于它的市值在300亿日元以上，而且是大型小盘股，因此，也许无法期待股价涨至10倍（10倍股），但期待股价涨至3倍是完全可以的。创业社长是第一大股东，与投资者利益一致，进一步提升了对股价上涨的预期。认识的人在使用过"MANGA BANG！"后对它的评价很好，通过这些能感受到商品力和高需求度。

● 正在开发的业务市场规模有多大？

漫画市场（2019年）"纸质+电子"的规模达到了4980亿日元（比上年增长12.8%），其中"纸质版漫画"的市场规模为2387亿日元（同比减少1.0%），而"电子版漫画"的市场规模为2593亿日元（同比增长29.5%），最终逆袭超越了纸质版漫画的市场占有率，并且仍在持续地快速增长。

● 投资周期是多久？

如果能在近期高点5500日元处平仓获利的话，投资期限大概就是1—2个月。如果超过近期高点5500日元之后顺手进入上升趋势，那么投资期限估计就是3个月至半年。

● 市值的上限是多少？

需要看电子漫画市场的增长速度，现阶段的上限为500亿—1000亿日元。

● 市值的下限是多少？

按照近期低点约为3000日元计算的话，短期的市值下限大约为200亿日元。

● 可承受损失风险的百分比为多少，要争取百分之几的回报率？

相对于日K线的长期移动平均线4135日元，现在的股价是4155日元，因此如果上涨趋势不在这里崩盘，将是绝佳的回调买入机会。从这里开始，如果股价跌破4000日元，而且2—3天都没有反弹的话，就平仓止损，期待的上限则是突破近3个月的高点5500日元。假设把平仓止损的价格设定为3800日元，而平仓获利的价格设定在5500日元左右的话，就会变成这样：现在4155日元→确定利润5500日元(+32.0%)，止损3800日元(-8.5%)。

- **投资的期待值是否为正？**

可能承担的风险是-8.5%，可以期待的回报是+32%，所以期待值是正向的。

→ 当股价按预期上涨时

- **若想继续持仓，应满足什么条件？**

- 保持现状，业绩持续增长时
- 股价保持上涨趋势时
- 上调业绩预期时
- 开展新事业时

- **若想卖出股票，应满足什么条件？**

- 短期内涨得过猛时

  （例：连续2天涨停/3天暴涨+30%）

- 超过了目标价格（5500日元）时
- 半年以内市值超过了500亿日元时
- 当股价走势图的上升趋势被打破时

  （跌破中期移动平均线时）

- 新下载数量和用户数量的增长速度放缓时

→ 相比预期，股价没有起色时

- **若想继续持仓，应满足什么条件？**

- 当业绩稳步地增长时
- 当股价在每日长期移动平均线上移动时

- 受整体行情恶化的影响，股价走势迟钝时
- 若想卖出股票，应满足什么条件？
- 业绩增长放缓时
- 当3个移动平均线纠缠在一起时
- 当股价走势迟钝超1个月时

→ **与预期相反， 股价下跌时**

- 若想继续持仓，应满足什么条件？
- 当股价跌破长期移动平均线之后马上回归时
- 不触及事先设定的止损线(3800日元)时
- 若想卖出股票，应满足什么条件？
- 触及事先设定的止损线(3800日元)时
- 什么时候无须多问，应该直接卖出呢？
- 发现财务欺诈时
- 在没有正当理由的情况下，作为大股东的社长开始抛售其股票时
- 当出现明显无法战胜的具有强大服务竞争力的对手时
- 平台方面删除了公司的应用程序时
- 出台对电子书籍产业极为不利的法律政策时
- 当发生难以继续经营的事件时
- 判断手机漫画文化不会再普及时

在此说明一下，大家可能遇到了一些不太懂的股票术语，在本书的后面部分会一一说明，请大家放心。

像这样，如果能大致设想一下股价的变动，那么在实际投资之后，无论发生什么事情，都不会那么慌乱，而能够应付自如了。

一旦养成了制定投资策略的好习惯，发生意料之外的事情就会很少了，且损失和利益都在预想范围之内。这就是我们要争取的投资目标！

在制定投资策略时，首先需要充分了解想要投资的公司。不仅要了解该公司开展的业务内容，还要广泛了解"市场规模""竞争对手""股东结构""事业风险"等。

正因如此，才要"集中"投资小盘股。并不是随意分散投资于多只股票，而是要——认真调查之后进行谨慎投资。这样会增加成功的概率。

如果能结合自己的工作及兴趣爱好选择自己感兴趣的种类投资的话，就可以在享受快乐的同时收集和分析信息，从而更容易提高投资业绩。

参考的指标根据开展的业务不同而不同。

像"Amazia"，主营业务是漫画应用程序，所以参考了"下载数量""用户数量"。如果是餐饮或健身等运营实体店铺的情况，就要参考"店铺数量"了。

通过"市值"和"市场规模"就可以了解增长空间

在制定投资策略时，你可能会认为"无法预测股价会上涨到什么程度"。这是因为你关注的是"股价"，所以认为是无法预测的。

你应该关注的是"**市值**"和"**市场规模**",而不是股价。关注市值和市场规模,可以大致预测出该公司的上限市值的位数是"100亿日元单位"还是"1000亿日元单位"了。

极为关键的是要找到投资之后增长空间大的股票,只要能够预测到大体的"规模感"就可以了。

比如说小型动物仓鼠,不管它长得有多大,也可以预测到最多不过手掌大小。但如果是小熊的话,即使一开始很小,也可以预测到早晚都会长到比人大。

就像这样,根据一家企业开展的业务就能了解到其"市场规模"(大小)了。在这前面的内容,分析运营漫画应用程序"MANGA BANG"的"AMAZIA"时就参考了电子漫画市场规模(约2500亿日元)。

如果是在市场规模小且增长率低的行业开展业务的企业,就无法预测它的未来会有显著的增长。

另外,如果公司的市场规模已经很大了,或者虽然市场规模还很小,但正在迅速扩大,那么可以预想到,现在的市值越小,增长的潜力就越大。

千万不要忘记"市值"和"市场规模"这两个视角。

查找这些信息时,可以通过结合"公司名称"和"行业名称"的关键词来搜索,这样就可以立即了解到相关的信息了。在集中投资小盘股时,以总市值300亿日元以下的公司为投资对象,市场规模可以按"规模已经很大"或"正在扩大"作为标准。

在市场规模大的领域开展业务的公司,仅凭这一点就视其为有增长潜力了。另外,即使现在的市场规模很小,但在未来有前景的领域开展业务的公司，可以期待它的增长和市场的增长是成正比的。

与同行业"市值前十"做个比较

现在我们根据"市值"和"市场规模"试着预测一下公司的增长潜力吧。

假设现在要以"市值100亿日元"的"建筑业"公司为投资对象。

那么，建筑业的市场规模是仅次于汽车行业、约有55万亿日元的巨型行业。在成熟的行业里，如果有市值100亿日元规模的公司，可以说它的增长潜力"非常大"。

接着搜索一下建筑业里排名前十的企业看看吧。搜索关键词"建筑业""市值"就能搜索出来。

第10位的"KINDEN"的市值是3920亿日元。假设有一家市值

100亿日元的建筑业公司，将来可能有大的发展，并可能进入行业前10位，那么其增长空间就有3820亿日元(约38倍)。

当然，能否成真暂且不论，这只是粗略衡量投资对象发展空间的一种手段，所以只要能掌握大致的"规模感"就可以了。

	公司名	总市值
1	大和房屋工业株式会社	1.9240万亿日元
2	积水住宅株式会社	1.2187万亿日元
3	大成建设	7933.6700亿日元
4	大林组	6753.3300亿日元
5	大东建讬	6471.4900亿日元
6	鹿岛建设	6433.7400亿日元
7	清水建设	6229.2700亿日元
8	长谷工	4033.6500亿日元
9	COMSYS	3986.700亿日元
10	KINDEN	3920亿日元

（截至2020年10月13日）

各行业的市场规模示意图

再举一个例子。这次同样是"市值100亿日元"的公司，但假设投资目标为"互联网广告行业"的公司。互联网广告行业的规模是1.6万亿日元（2018年度），相比建筑行业的55万亿日元，市场规模虽然很小，但预计到2023年其市场规模可能会增长到2.8万亿日元（矢野经济研究所调查）。

互联网广告行业市值排名前十位的公司如下。

第10位的"i-mobile"的总市值约为337亿日元。假设市值100亿日元的互联网广告行业的公司增长之后成功挤进了行业前十位，市值也就是300亿日元左右。增长空间大概就是3倍左右。

与之前的建筑业相比成长空间非常有限，但是可以预测到互联网广告行业的市场规模今后会扩大。另外，市场规模巨大的建筑业，自古以来大公司的实力就很强劲，想要改写行业版图并非易事。

不管怎么说，想要概算出"这只股票可能增长到几倍"时，"总市值"和"市场规模"可以帮上大忙。

	公司名	总市值
1	CYBERAGENT	8470.5800亿日元
2	D.A.CONSORTIUM HOLDINGS	2630.5200亿日元
3	DIGITAL GARAGE	1773.6700亿日元
4	VALUE COMMERCE	1285.7700亿日元
5	SEPTENI HOLDINGS	479.2600亿日元
6	UNITED	385.3800亿日元
7	FAN COMMUNICATIONS	375.4200亿日元
8	CARTA HOLDINGS	361.9100亿日元
9	DIGITAL HOLDINGS	345.5900亿日元
10	i-mobile	336.9500亿日元

（截至2020年10月13日）

实践操作① 试着思考一下
不同行业的企业的增长空间

通过一个简单的例题，练习预测一下公司增长的潜力吧。

下面的A公司和B公司，你认为哪一个公司更具有发展潜力呢？

请说明其理由。

A 公司

总市值 50亿日元

所属行业 教育培训

市场规模 约9700亿日元

最近备受关注的课外辅导班教育培训机构。由少数精锐讲师组成的线上课程受到好评，学生人数也在稳步增长。

B 公司

总市值 100亿日元

所属行业 餐饮

市场规模 25.8万亿日元

价格亲民且方便的日本料理连锁店。利用24小时营业吸引了大量人气，正在急速扩张店铺。

	公司名	总市值
1	BENESSE HOLDINGS	2711.2000亿日元
2	NAGASE	583.5300亿日元
3	RISO EDUCATION	498.3100亿日元
4	TOKYO INDIVIDUALIZED EDUCATIONAL INSTITUTE	311.1800亿日元
5	STEP	260.7200亿日元
6	MEIKO NETWORK JAPAN	204.9100亿日元
7	WASEDA ACADEMY	161.5300亿日元
8	GAKKYUSHA	121.6500亿日元
9	YOUJI CORPORATION	116.5400亿日元
10	SHINGAKUKAI	93.1400亿日元

（截至2020年10月13日）

	公司名	总市值
1	MACDONALD`S HODINGS JAPAN	6820.8500亿日元
2	ZENSHO HOLDINGS	3809.6300亿日元
3	FOOD & LIFE COMPANIES LTD.	3315.5500亿日元
4	SKYLARK HOLDINCO	2962.5300亿日元
5	ICHIBANYA.	1736.7700亿日元
6	ATOM	1535.5300亿日元
7	OHSHO FOOD SERVICE	1427.4500亿日元
8	KURA SUSI	1281.3200亿日元
9	YOSHINOYA HOLDINGS	1246.5800亿日元
10	TORIDOLL HOLDINGS	1236.7600亿日元

（截至2020年10月13日）

培训机构A的市值为50亿日元。即使在以市值300亿日元以下为目标的小盘股中，还是能够感受到小幅增长的空间。

行业排名第10位的"SHINGAKUKAI"的市值约为100亿日元，如果培训机构A能挤进前10位的话，潜藏着其市值有可能从现在的

50亿日元增长到100亿日元的可能性。因此，可以大致估算出市值的上升潜力在2倍左右。

另外，排名餐饮行业第10位的"TORIDOLL HOLDINGS"（运营"丸龟制面"等）的总市值已是1000亿日元以上的规模，假设总市值为100亿日元规模的B餐饮公司能挤进前10位的话，就可以推测出其市值将从现在的100亿日元增长到1000亿日元以上。由此就可以概算出增长潜力有10倍以上。

按照现在的总市值比较培训机构A（50亿日元）和餐饮公司B（100亿日元）的话，培训机构A的规模较小，乍一看会让人觉得A公司的增长空间似乎更大。

但是，从市场规模来看，培训机构（补习学校）的市场规模接近1万亿日元，餐饮行业的市场规模则超过25万亿日元，两者之间存在25倍的差距，因此从结果来看，B公司比A公司更有增长潜力。

实践操作❷ 试着对比竞争企业的销售额，思考一下企业的增长空间

在上一节中介绍了通过"总市值"和"市场规模"预测公司的发展潜力，其实通过对比竞争公司的"销售规模"也是可以预测发展潜力的。接下来，我们再通过一个例子思考一下吧。假设准备投资C公司，请推测其是否有发展潜力。

C 公司	
总市值	100亿日元
业务内容	健康食品线上销售
销售额	30亿日元
利润	3亿日元

通过查找C公司的竞争对手，发现了未上市的D公司。

D 公司	
总市值	非上市公司，所以不明
业务内容	保健品线上销售
销售额	300亿日元
利润	30亿日元

要通过这些信息推测出C公司未来的增长潜力。

因为比较对象的竞争对手是未上市的企业，所以不能用市值来比较。因此，这次用"销售额"来做比较。

在同一行业，如果商业模式基本相同，"利润率"就不会有太大的不同。因此，单纯比较"销售额"，就能预测出该公司的大致增长空间。

D公司虽然未上市，销售额却是C公司的10倍。假设C公司有着与D公司同等的市场竞争力的话，那么在这个前提下，通过简单的计算，可以预测出C公司的销售额和利润将增加约10倍。

还有一个例题。假设正在考虑投资下面这一家E公司。

E 公司

总市值	60亿日元
业务内容	运营漫画应用程序
销售额	20亿日元
利润	1亿日元
利润率	5%
PER（股价收益比率）	60倍
备注	用户数暴涨，正积极投入广告宣传费

在搜索与这个E公司具有相同商业模式的公司时，发现了上市公司F。

F 公司

总市值	300亿日元
业务内容	运营电子书籍应用
销售额	40亿日元
利润	10亿日元
利润率	25%
PER（股价收益比率）	30倍
备注	重视收入稳定的经营方式

相比之前的案例，信息量增加了，那就通过这些信息来预测E公司的增长潜力有多大吧。

首先就要着眼于"总市值"。看F公司总市值是E公司的5倍，就可以简单地判断出E公司有5倍的增长潜力。

还有一个关键的点，不知你是否发现了呢？

虽然开展的是同样的业务，但"利润率"却相差5倍。如果在同一个行业中，公司间的利润率却相差很大，那么调查其缘由其实是一件非常有趣的事情。

调查一下就会发现E公司在"广告宣传费"上投入了大量资金，因此相对于销售额利润率变低了。如果这部分广告宣传费的投入能产生丰厚的回报，可以预测在不久的将来E公司的销售额会有增加。

另外，由于F公司的利润率为25%，所以与F公司商业模式相同的E公司的利润率也具有达到相同水平的潜力。

有很多投资者以为"PER"（股价收益比率）的数值越低就越好，但是以PER为基准判断的话，F公司（30倍）比E公司（60倍）便宜，于是照此来判断，F公司就是有潜力的投资对象。

很多过于相信PER的投资者失败的理由就在于此。

如果只比较PER的话，很容易忽略E公司"不惜减少利润也要投入广告宣传费，以此博得未来利润增长"这一事实。

假设E公司节省了广告宣传费，将政策转向高利润率时，有可能将利润率提升至与F公司同样的水平。在这种情况下，E公司的业绩将如下。

E公司（经营模式转向重视眼前利益时）

总市值	60亿日元
销售额	20亿日元
利润	5亿日元
利润率	25%（试图追求利润的情况）
PER（股价收益比率）	12倍

PER高达60倍的E公司，如果重视当前的利益，就会变成PER12倍的公司，成为比F公司更便宜、更有前景的投资对象。

也就是说，E公司的潜在收益能力与F公司处于同一水平。尽管如此，如果基于PER判断的话，就会被市场低估了。

暂且不谈未来的增长空间，假设E公司被评估为与F公司相同的30倍PER水平，那么理论市值如下。

E 公司（利润率 25%/ 估值按 PER30 倍）	
总市值	150亿日元（理论值）
销售额	20亿日元
利润	5亿日元
利润率	25%（潜能）
PER（股价收益比率）	30倍

也就是说，E公司与F公司相比，实际上是相当便宜的，因此可以得出结论，E公司是有前景的投资对象。

像E公司这样，由于对未来进行了预先的投资（广告宣传费等），因此利润（率）低、市值低的小盘股是常有的。

我们就是要寻找这种钻石原石般的小盘股，并在股价开始上涨时进行投资。对个人投资者来说，这是一种可以在控制风险的同时获得有效收益的投资方式。

预测上涨空间，成长为10倍股

这次，结合我实际做过的投资案例来预测一下公司的增长空间吧。

2018年我投资了一家在东证创业板上市的运营医疗信息网站的公司"MEDPEER"（6095）。

当时是与在东证1部上市的行业龙头企业"M3"（2413）做的比较。这两家企业的比较情况如下（截至2018年2月份）。

"MEDPEER"（6095）

总市值	**81亿日元**
销售额	**20亿日元**
利润	**2亿日元**

"M3INC"（2413）

总市值	**1.3441万亿日元**
销售额	**994亿日元**
利润	**195亿日元**

用行业龙头企业M3与投资目标企业MEDPEER做比较的话，总市值相差了160倍。仅此一点就很让人有投资的欲望了，它让人能够感觉到未来的可能性。

销售额约为50倍、纯利润约为100倍的差距，无论哪个数值，都是能够让人感觉得到有1位数甚至两位数的增长潜力的。

那么这个差距意味着什么呢？它意味着目标投资公司MEDPEER只要能够抢占行业龙头企业M3的10%的市场，总市值（股价）就能变成现在的10倍。

即使很难夺取10%的市场份额，哪怕能拿下1%的市场份额，市值就能翻倍。而且今后医疗相关信息网站市场仍然会继续扩大。当然，前提是MEDPEER的管理层、业务内容、商品等都要足够好，当时决定投资也正是因为这些观点。

然后在大约2年半后，股价上涨超过了10倍，成为10倍股，取得了飞跃式的增长。

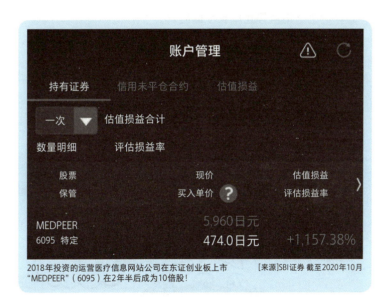

2018年投资的运营医疗信息网站公司在东证创业板上市
"MEDPEER"（6095）在2年半后成为10倍股！　　[来源]SBI证券 截至2020年10月

找到未来能登陆东证1部的企业的方法

　　日本股票市场有东证创业板和东证JASDAQ这样的新兴市场，也有东证2部、东证1部等各种各样的市场。

　　如果用鸡来打比方的话，那么东证创业板和东证JASDAQ就是销售那些有潜力的雏鸡的市场，而东证1部就是销售那些已经长得很大的育成鸡的市场。

　　在东证创业板和东证JASDAQ上市的公司中，既有日后茁壮成长为能下很多蛋的雏鸡（小盘股），也有在长为成鸡（大盘股）之前就停止成长了的雏鸡。

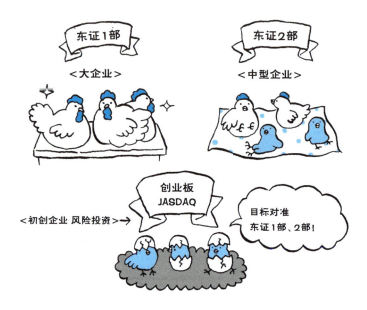

　　如果能找到并购买那些有望茁壮成长的雏鸡，那么等它长大之后就会给你带来丰厚的回报。

　　因为小盘股的总市值整体上看都比较小，拥有巨额资金的机构投资家一般不会对它们出手。为什么这么说呢？其原因就在于它们的投资会因为自己的资金量巨大而导致股价发生剧烈的震荡。

　　其实小盘股正是那种可以让个人投资者用小额投资便可获得巨大回报的绝佳市场。

　　另外，在东证1部上市的公司，上市时已经通过了严格的审核，所以它们是能够产出许多蛋的鸡的概率很大。

　　不过这些公司的市值大都很高，所以从成长潜力来看是比不上东证创业板和东证JASDAQ等上市的小盘股的，但它们却很受运营大额资金的机构投资家们的青睐，以至于有很多机构投资者甚至规定"不投资东证1部以外的公司"。

　　因此，从东证创业板和东证JASDAQ升格到东证2部、东证1部的公司，会有来自机构投资家们的新的大额资金的投资，所以股价常常会继续上涨。

　　在找到未来股价可能会大幅上涨的股票之后，思考它"是不是将来能在东证1部上市的公司"，从这样的视角思考问题也是很重要的。

　　因此，我们需要把握在东证1部上市所需的条件，并观察该公司是否为了能升格到东证1部而采取了行动。

→ 在东证1部上市的条件
- ☑ 股东人数超过2200人
- ☑ 流通股数量2万单位以上或流通股数（比例）占上市股票等的35%以上
- ☑ 总市值250亿日元以上
- ☑ 设立董事会，事业持续上升
- ☑ 合并结算净资产在10亿日元以上
- ☑ 2年间的利润总额5亿日元以上或总市值500亿日元以上

想要在东证1部上市，就需要满足上述的各种各样的条件。

在经营时要有意识地扩大"股东人数""流通股数""总市值""合并净资产""利润总额"等，重要的是要积极采取让更多的投资者购买股票的政策，而不是让社长和经营团队等创业初期的少数固定股东购买。

为了增加股东的数量，还有"股票分割"的方式。

股票分割指的是，为了便于购买，把一只股票分成更小的单位。

例如1股1000日元的股票分割成4等份之后，1股就变成250日元，这就方便了个人投资者购买股票，股东人数也会增加。

进行股票分割后，持股比例会发生如下变化（以持有100股为例）。

分割前： 1股1000日元 × 100股=市场价10万日元
分割后： 1股 250日元 × 400股=市场价10万日元

　　虽然每只股票的价格下降到了四分之一，但因为持股数增加了4倍，所以持有股票的总价值保持不变。

　　拿蛋糕打比方的话，相当于是拿着一整块蛋糕还是拿着将其切成了4等份的蛋糕的区别。份数虽然不同，可蛋糕的总量是没有变化的。

　　由于还需要满足在整个市场中的流通股票数量条件，创业老板就是公司大股东（例如持有整体的70%等半数以上的股份）时，还会出现需要卖出部分股票的情况。

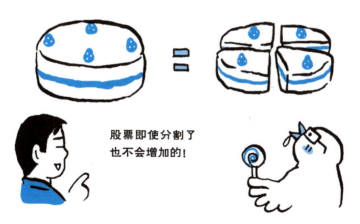

股票即使分割了
也不会增加的！

虽然进行了股份分割，但整体价值没有变化

当作为大股东的创业老板在市场上抛售股票时，股价就会大幅下跌，为防止这种情况的发生，有时还会让机构投资家来接管。

总之，以在东证1部上市为目的的公司的行为如下所示。

→ 拟在东证1部上市的公司的行为如下

- ☑ 反复进行股票分割
- ☑ 以增加总市值为目的发布IR（投资者关系）信息
- ☑ 创业者持有股票的比例过高时进行减持

当然，即便满足了各种条件，最终成功在东证1部上市了，也不等于所有公司的股价都能顺利上涨。最终的决定因素还在于能否让消费者购买该公司的商品或服务。

3

找到"上涨股"的方法

业绩虽好，股价却很低迷的企业能作为投资目标吗

"业绩虽然很好，可不知为何股价却是停滞不前的感觉……"

寻找投资目标时，经常会看到这样的股票。乍一看，你可能会想："我是不是应该在大家还没注意到这只股票，趁价格还没上涨的时候购买它呢？"但这种类型的股票若没有某种契机通常不会转向上涨趋势的。

所谓的股票，无论业绩多么好，无论公司的潜力多么大，如果没有投资者的实际购买，是不会上涨的。

像"业绩虽然很好，股价却很低迷的股票"，其实原本就处于"没有被投资者关注"的状态。

只要业绩好，说不定哪天就会被投资者关注并购买，股价也会随之上升。如果是从这个角度考虑，那么可能就会认为股价低迷的时候是"抄底"的好机会。但是，有一个非常大的问题，那就是"到底会在什么时候上涨呢"。

在某些情况下，从你关注它开始，股价还会持续低迷1年以上。

对投资资金有限的个人投资者来讲，投资这样一只让资金套牢在那里1年以上的股票，就相当于失去了"投资到其他股票盈利的机会"。

那么，应该怎么办呢？

对于那些"业绩虽好，但股价却不涨"的股票，可以考虑"等股价进入上升趋势后再买入"。将其列在"涨了就买的股票清单"里，等待机会的到来。

这样做虽然不能抄底买入，但可以在进入上升趋势后买入，享受一下上涨股票带来的收益。在最低价位买入，在最高价位抛售是极难之举。去头（最高点）掐尾（最低点），在上涨时获得一定利润的做法，到头来才是有效运用资金的方法。

股票可以等到开始上涨时再买入

基本上，最佳的投资时机是在"成交量"（一天内成交的股数）增加的基础上，股价开始上涨时"买入"。

这里的关键就是"股价开始上涨时"。

股价上涨时，一定会有投资者的市价买入订单。

● 购买股票的两种方法

☑ 限价单＝"指定"价格进行买卖的订单

☑ 市价单＝"不指定"价格进行买卖的订单 （＝不管多少钱都要买/卖！）

当订单为"不管股价为多少日元都想买入"的市价"买入"订单时，就会与"卖出"的人中股价最低的那些订单完成交易（相反，如果是以市价卖出时，就会与以最高价"买入"的投资者完成交易）。

如果因为某处的投资者的市价"买入"订单促使股价上涨，很有可能是在背后发生了某种触发股价上涨的事情。

　　具体来讲，常出现的情况是"年度财务报告""新产品发布""业务合作"等，让股价进入上涨趋势。

　　"股票要等到价格开始上涨时买入"这条规则，一定要牢牢记在心里。

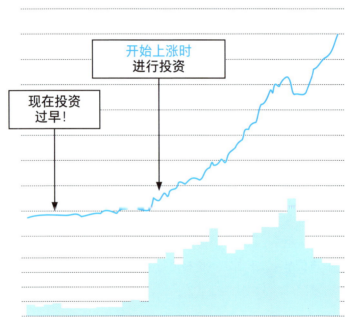

啊～
投资的时机
过早也不行啊……

上涨的股票会继续上涨，
下跌的股票会继续下跌

在股市投资中，"开始上涨时买入""开始下跌时卖出"，这是铁律。

"上涨的股票会继续上涨，下跌的股票会继续下跌"可以说是股市投资中的一个法则。

有很多投资者是没有掌握好这个本质的，他们总是反向操作，在"稍微上涨一点时卖出""股价下跌时仍期待着反弹做，不到平仓止损"。

这样的投资方式就会赚得少、亏得多，整体上会遭受巨大的损失。

请看第74页的插图。假设有一只正在上涨的股票。有很多投资者都对这只股票进行了投资，可以看出，无论在图表的哪个位置买入股票，"所有人都会赚钱的"。

由于上涨的股票会吸引投资者的注意，所以会有越来越多的投资者购买这只股票。已经持仓并有账面收益的投资者们，在上升趋势中也会继续看涨，所以他们会秉持一种"不涨得更高就不卖"的态度。因此就会造就出"上涨的股票会继续上涨"的局面。

另外，那些股价持续下跌的股票，可以看出无论在图表的哪个位置购买该股票，"所有人都在赔钱"。所以，对于下跌的股票，其他投资者也在考虑"价格会不会进一步下跌？"而难以持仓，于是没有新买单的状态就会持续下去。

已经持仓的投资者，这时也会因为每况愈下的股价开始看跌，陷入"卖了算了"的情绪中。这样一来，下跌的股票就会继续下跌。

和"开始上涨时买入""开始下跌时卖出"的道理相同，这里还有一个"被抛弃一次的股票再也涨不回来"的股市投资原则。

持续上涨趋势的股票一旦进入下跌的趋势，那么之前一直看涨而买入股票的投资者就会立即消失。

已经持仓的投资者们的账面盈利额，这时也会不断地下降，最终会根据买入时机的不同，而在不同时期出现亏损的情况。如果变成这样，大家就会同时看跌，从而形成"快点卖掉尽快解套"的局面，于是最终会造成更凶的下跌的趋势。

一旦上涨的趋势崩盘，进入下跌的趋势，只要没有新的利好消息出现，股价就会持续低迷，再也回不去了。所以，无论如何，还是彻底遵循"股价开始上涨时买入、开始下跌时卖出"的原则吧。

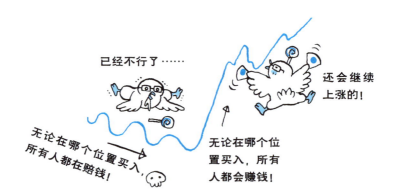

股票开始上涨时买入、开始下跌时卖出是一条铁律！

突然上涨的股票会突然下跌

很多刚开始投资的人希望在短短的一两周的时间内找到"上涨股票"，想直接"赚上一大笔"，确实，与其花一年时间股价翻3倍，不如一周内股价翻3倍，从投资效率上来讲那简直是太优秀了。

但是，请好好地思考一下，股价要变成3倍就相当于总市值变成3倍。如果是一家总市值100亿日元的公司，它的股价要变成3倍，那就意味着这家公司的总市值要变成3倍的300亿日元。

在理论上，增加的200亿日元的市值，这家公司向社会提供的"价值"就必须与其画上等号。

如果说公司的业绩蒸蒸日上，用了半年至一年的时间向社会提供了200亿日元的价值，所以总市值随之变成了3倍的话，倒是可以理解。但是仅仅用1周的时间，向社会提供200亿日元的价值，就很不现实了。

当然，实际上的确有在1周或两周这样的短时间内股价变成3倍的情况，但那可不是与实际业绩相符的情况，那是因为投资者们的"期待"买入造成的。

股票的价格是根据投资者的想法和推测进行股票买卖时，在没有实体的状态下乱涨、乱跌的。

比如某个公司在业绩突出的基础上又锦上添花，公布了新商品关联的利好消息，这时大家自然会认为"还用说吗，业绩肯定会上涨了"，所以大量的投资者就会在新商品上市销售之前，在实际的业绩还没有上涨之前就买入股票，于是股价就会突然大涨。

看到这只上涨的股票，多数投资者都会认为"现在不买的话股价还会上涨"，于是也急于购买，这样买入的人就会聚集起来。

这时，那些日内交易员也会趁机投资这种因投资者的期待而急速上涨的股票。

就这样，"买入"就会引来"买入"，股票价格在很短的时间内急速飙升。

但是，**这种短期内一下子就上涨的股票，也隐藏着同样在短时期内一下子跌下来的风险。**

用1年的时间涨到3倍的股票，在1周内急速回落的情况，如果不是有巨大的负面要素一般是不会发生的。但是，在1周内暴涨3倍的股票，却常常会在1周内暴跌到一半以下。

这是因为那些未见实质内容，仅凭"预期"就买入的投资者，他们过于感情用事，同时还有慌慌张张地买卖股票的思维模式。

股价上涨时凭情绪买入，股价开始下跌时也凭情绪卖出，如果具有这种属性的投资者聚集在一起，就会出现过山车似的急剧上涨、急剧下跌的价格波动。

不过，也有极少数在短时间内急速上涨后却不会暴跌的情况。那就是"在良好业绩的支撑下，实至名归的股价上涨"。

当公司的业绩证明了其向社会提供的价值与暴涨增加的总市值对等时，股价就不容易暴跌了。

假设公司的股价以新商品发布为契机急速上涨了，并因此公司的市值增加了50亿日元。如果这个新商品能使公司提供的价值增加50亿日元以上，那么可以说这个上涨是实至名归的上涨。

但是，无论推出多么华丽的新商品，如果销售额与利润没有任何的增加，股价的暴涨也只不过是"因投资者期待而短期性地需求激增而已"，很快就会跌到原来的价格，甚至跌到更低的水平。

　　一定要意识到暴涨的股价是有很高风险的，它们会用上涨时相同的时间跌回到原来的水平。

股价暴跌的4个信号

为了避免卷入暴跌的旋涡里，我们要知道下面的4个信号。

股价暴跌的4个信号

☑ **股价暴涨时**

☑ **PER（股价收益比率）过高时**

☑ **PBR（股价净值比）过高时**

☑ **融资、融券余额比例（信用交易时融资余额 ÷ 融券余额）过高时**

股价暴涨时

股价暴涨意味着有很多投资者正在匆忙地买那只股票。可如果股价开始下跌了，投资者就会转而急匆匆地卖掉。这也就是说，股价暴涨之后暴跌的风险很高。

如果股价是随着成交量上涨而上涨的，那么日内交易员也会加入进来。这些投资者利用股价上涨的机会，一天内多次重复"买卖→平仓获利"，企图通过此积累"差额利润"（卖价和买价的差额产生的利润）。

日内交易员如果在股价下跌时入市的话就会从卖空开始。这样一来就会助长股价的下跌。

 PER（股价收益比率）过高时

PER是"当前股价"除以"每股当期净收益"得出的数值。也就是说，它表示的是"现在的股价是那家公司一年赚得的每股净收入的几倍"。"每股当期纯利润"也被称为"EPS"，简单地说就是"持有1股能获得多少纯利润"。

$$\text{PER} \text{（股价收益比率）} = \frac{\text{总市值}}{\text{年净利润}}$$

平均的PER是15倍左右，这个值越低，股价就越低。PER如果过高的话，就会被多数投资者判断为股价偏高，因此这样的股票容易被抛售。

但是，由于PER是基于"当前利润与市值"计算出来的，因此，那些未来增长潜力非常大的公司的PER往往总是处于较高的位置。

假设有的公司当前的PER高达100倍，如果在3年后它的利润能达到10倍的话，那么在3年后它的PER就将达到10倍的水准。

相反，即使当前的PER为10倍，如果该公司在3年后的利润降低到1/10的话，那么3年后它的PER将达到100倍，这就是非常高的位置了。

正因如此，我们不能笼统地只看"现在的PER"来判断是价低还是价高，而应该以"将来能增长到什么程度"这样的视角来思考，以3年后的PER为基准。

PBR（股价净值比）过高时

PBR指的是"当前的股价"除以"每股净资产"得出的数值。说到底这是在表示"当前的股价是该公司的每股净资产的几倍"。"每股净资产"也被称作"BPS"，简单来讲它意味着"如果持有1股能够得到多少净资产"。

平均PBR是1.2倍左右，这个值越低就会被认为越便宜。 PBR如果过高的话，就会被投资者判断为"价格偏高"，因此这样的股票容易被抛售。

但是，PBR这个指标是以该公司拥有的"可以换算成金钱的资产"为基础计算出来的。因此，如果是一家开展在线购物业务的公司，那么该公司持有的现金和商品的库存虽然可以反映在PBR的计算中，但其网站本身的品牌价值和浏览量等却是无法反映出来的。

因此，不能仅凭PBR高就判断价格较高，还要认真关注那些"非货币性资产"。

$$\text{PBR（股价净值比）} = \frac{\text{总市值}}{\text{持有的净资产}}$$

融资、融券余额比例（信用交易时融资余额 ÷ 融券余额）**过高时**

接下来的内容会有些难度，大家要加油跟上。

所谓的融资、融券余额比例是指在"信用交易"中"融资买入余额"除以"融券卖出余额"得出的值。"比值超出1倍时买入的余额高""比值低于1倍时卖出的余额高"，就这样来使用。

所谓信用交易，就是向证券公司抵押担保（保证金），借入最多不超过抵押金额3.3倍（线上交易时约2.85倍）的资金或股票进行股票买卖的。

比如有人把自己的资金100万日元押到了证券公司，然后以信用交易的方式买入了300万日元的股票。如果这只股票上涨了10%的话就相当于赚了30万日元，下跌30%就相当于亏了90万日元。

利润和损失会随着价格的小幅波动而变大，因此在操作时要格外谨慎。

所谓融资买入余额指的是，在信用交易中融资买入的股票还未结算（未偿还）部分的欠款金额。信用交易说起来就是向证券公司借钱然后购买股票的行为，所以融资买入余额多时就可以预测"期待股价上涨的投资者很多"。

所谓融资卖出余额指的是，在信用交易中融券卖出的股票还未结算（未偿还）部分的欠款金额，也称为"卖空"。因为卖空可以在股价下跌时获得差额利润，所以融券卖出余额多时，可以预测"期待股价下跌的投资者很多"。

就像这样，融资、融券余额比例是可以用来判断股票市场中投资者们动向的数值。

融资、融券余额比例远远超出1倍时，就意味着信用交易中买涨的投资者多。

信用交易实际上就是从证券公司借钱，所以会产生利息。因此，相对于现货交易的持仓，通过信用交易持仓是需要交付利息的，所以信用交易往往会在短期内卖掉。

也就是说，**在信用交易中买入的投资者增多就意味着"在近期那些股票将被卖掉"的可能性变高了。**

$$\text{融资、融券余额比例} = \frac{\text{融资余额（股数）}}{\text{融券余额（股数）}}$$

经常有投资者问我这样的问题，比如，"PER以及PBR达到几倍时会增加暴跌的风险？""融资、融券余额比例达到几倍时是危险信号？"等。

做了这么多具体的解释之后，这样说似乎不合时宜，但是仅凭这些指标就做绝对性的判断是很危险的。

这些最多也不过是一个参考，根据具体的情况是会发生变化的，所以不能一概而论地说"只要几倍以上就危险"了。

把它想象成一个"气球"可能会比较容易理解。各个数值都高的状态就如同气球里充满了空气而膨胀起来的状态。

充满空气的气球是一种无论何时爆炸（股价暴跌）都不奇怪的状态，当然也有出人意料的还能充进很多空气的时候。

"能装多少空气呢?""气球何时会爆炸呢?"这些问题要看气球（股票）的个体差异、当时周围环境以及条件的变化。

像这类数值不要把它们理解得过于绝对,把它看作"马上就要面临危险了"的参考值来对待就比较合适了。

即便是PER超过100倍的那些被视为股价超高的公司,其股价也有可能翻倍。当然,也有PER只有10倍的被视为股价偏低的公司,也有从那种状态开始业绩恶化导致股价暴跌的情况。

就拿融资、融券余额比例来讲,说到底也不过是"仅在当时能够见识到的一种状态"而已。假设融资、融券余额比例为10倍,从指标上预测股价会下跌,可是如果有大量融资买入的新订单,股价就会上涨。

相反,即便融资、融券余额比例不足1倍,从指标上预测股价会上涨,如果有大量的信用卖空订单进来,股价还会下跌。

所以,归根结底,如果"想要卖出那只股票的投资者"比"想要买入那只股票的投资者"多很多,股价就会暴跌。

无论指标的数值低或高,都只能把它视为一个参考

对于突然上涨的股票，想想"还能有多少投资者购买该股票"；股价下跌时，考虑"有多少投资者会抛售"。从这样的视角来思考就很好了。

● **包括交易员在内的做短线的投资者**
◎ 关注内在价值的中长期投资者

股票价格就是由这些投资者的订单混杂而形成的。如果是重视内在价值的中长期投资者们关注的股票，那么它们应该还有上升的空间。

但是，如果投资的是那些中长期投资者们已经退出，只有那些包括交易员在内的短期投资者们蜂拥而至的股票的话，那么就要同时承担资产大幅缩水的风险了。

股价上涨的4个信号

股价的上涨，就算没有公司业绩的增长，也要吸引投资者的预期，让投资者们认为"业绩可能会增长"才行。

公布"业绩上调"是促使投资者买入的一个契机。

上市企业会定期发布业绩预告，业绩上调是指发布"业绩可能要超出事前公布的业绩预告"。相反，"业绩比预想的差……"，这种发布就是指"业绩下调"。

公布业绩上调的公司，其股价多数情况下会借着这个利好消息进入上涨趋势。相反，公布业绩下调时，多数情况下股价会进入下跌趋势。

如果能很好地把握业绩上调的信号，就能抓到好的时机赶上股价的上涨趋势。而想要尽早捕捉上调的信号，关键就在于捕捉以下这些要点。

业绩上调的4个信号

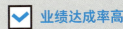 业绩达成率高

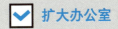 扩大办公室

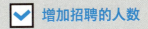 增加招聘的人数

 增加广告宣传费

作为业绩上调的前兆，最为基础、最精准的就是"业绩达成率"了。所谓业绩达成率，是指在季度结算或中期结算时，相对于全年的事业计划完成了多少业绩的百分比(%)。

举个例子，假设中期财务报告时的业绩达成率为80%，那么就意味着仅用上半期就达成了全年目标的80%，假设这样的业绩水平能够继续下去，简单计算一下就能知道全年的业绩达成率将会达到160%。于是就可以预测全年业绩比预告业绩高的概率很大了。

像这样，仅仅是关注业绩的达成率,就能找到接下来会公布业绩上调的公司了。

除业绩达成率之外，"扩大办公室""增加招聘的人数""增加广告宣传费"等，都是业绩上调的信号。

通过扩大办公室和增加招聘人数等举动，至少可以判断如果业绩没有增长是不会这样做的。广告宣传费的增加，大部分情况都是为了进一步增加畅销商品或服务，因此也可以成为一个业绩上调的信号。

但是，这些可以作为业绩上调信号的关键要素也是有前提的，那就是"正经八百的经营者"做着"正经八百的经营判断"。

经营者的类型也是五花八门的，其中也有业绩明明没增长，却要扩大办公室、大量招聘新员工、大量投入广告费的情况。这样的公司存在着稍有不慎能否存续都无法预知的风险。

因此，不要因为上述的信号都符合了，就单纯地判断"是买入的好时机"，还要上网搜索一些管理者的采访视频以及相关的文章看一看"是不是有什么可疑点或违和感"或"过去是否曾因怪异的行为而引起骚动"等，事先确认好是非常关键的。

通过实例观察股价上涨的形态

接下来向大家介绍一下我自己投资小盘股的实际案例。是怎样的一个契机让我注意到它、开始考虑投资它并最终投资它的呢？我结合当时做的记录，如实地介绍给大家。

当时我关注的是一家叫"Lib Work"的公司。

Lib Work（1431）

以熊本、福冈、佐贺为主的定制家具工厂

上市	东证创业板（2019年6月18日）
总市值	约50亿日元（2019年8月份开始关注）
销售额	65.9700亿日元（截至2019年6月份）
营业利润	5.3200亿日元（同上）

→ 特征

社长提到，将来的目标不会仅限于九州地区，公司业务会推广到日本。以往住宅的订单是以成本较高的样板房为主导引流客户的，现在客户引流转移到了互联网上，因此节约了大量成本。从定制房的规划、设计到销售、施工、监管等所有流程都在线上进行。在未来的展望中列举了"民宿业务""闲置空房活用业务""城市规划业务"等。

→ 潜在的风险

由于日本人口呈减少趋势，定制住宅行业整体市场规模难以扩大。在这种状况下，如何通过与同行其他公司的差异化向客户持续提供价值就是关键。

令人担忧的是，随着业务的快速扩张，是否会造成商品及服务质量下降。另外，即使面向全国拓展业务，九州地区的做法能否在全国同样奏效也是个未知数。

→ 整体的投资概况

● 投资的理由？

尽管在此之前股价一直处于低迷状态，但以2019年8月9日发布的历史最高结算报告为契机，该股票受到了投资者们的关注，原本一直在500日元水平的股价，随着成交量的增加而急速上升。这种案例经常会出现股价变成2倍、3倍的情况，所以很让人期待。在2019年8月16日的IR（面向投资者的公报）中，公开发布了以平均价格1800日元（同日的每股价格为984日元）回购股票的信息。这成了股价上涨的利好因素。

● 开展的业务所在的行业市场规模如何？

包括装修等相关企业在内，住宅行业的市场规模约为45万亿日元。这是相当于国家预算一半规模的巨大市场，但Lib Work的总市值（约50亿日元）还很小，增长空间很大。对于一家位于九州三县的定制住宅商来说，销售额和利润的增长速度异常地快，与同行业的其他公司相比具有很大的增长潜力。创始人濑口力先生是大股东，凭借他的领导力经营，可以期待股价进一步上涨。

● 投资期限为多久？

由于定制住宅是从企划、设计到销售、施工、监理为一体的存在时滞的商业模式，所以设想的投资时间为2—3年，比通常情况要长一些。但是如果在一年内涨成10倍股的话，就判定为短期内过热，要把卖掉的可能性考虑在内。

● 总市值的上限是多少？

在面向投资者的说明会上发布了2023年市值总额达到500亿日元的目标。如果小心谨慎一点的话，可以在达到市值总额一半的200

亿一300亿日元的价格处卖掉。但是，达到这个市值时，公司的经营状态和市场环境很有可能发生了很大的变化，因此，要结合这些变化，看清公司的增长上限。

● 总市值的下限是多少？

假设公司销售额下降了30%左右，它们应该也能确保一定水平的利润，因此突然倒闭的可能性很低。另外，即使股价跌到刚上市时（2019年6月）的水平，总市值也有30亿日元。所以风险的容忍度下限可以设定在-40%—-30%的程度。

● 可承担的损失风险范围是百分之几？想争取百分之几的回报率？

如果可以容忍股价跌到刚刚上市时的那种低迷水平，那么最大损失就是-40%。乍一看，这个风险似乎很大，但是从总市值和市场规模来看，可能获得的回报是10倍（10倍股）。

● 投资的期待值是正的吗？

总结以上内容，盈亏的风险有-40%—-30%，可能获得的回报是+4—+5倍（最大10倍），所以期待值是正的。

→ 股价按预期上涨时

● 当满足什么条件时可以继续持有股票

- 公司业绩在稳步增长
- 创始老板亲自经营公司
- 股价处于上升趋势，并且仍在继续上涨
- 公司及商品服务的知名度依然很低

- **当满足什么条件时要卖掉股票**
  - 创业老板退居二线
  - 管理层开始抛售自己公司的股票
  - 业绩的增长率明显放缓
  - 公司的商品/服务的品质明显下降
  - 因为某些外部原因，公司的商品/服务卖不出去了
  - 超过了目标市值
  - 公司及商品服务已闻名于世
  - 出现了更想投资的交易品种

→ **当股价涨幅不如预期时**

- **当满足什么条件时可以继续持有股票**
  - 公司的业绩稳步增长
  - 股价在长期移动平均线之上推移

- **当满足什么条件时要卖掉股票**
  - 公司的业绩增长明显放缓
  - 股价图表呈下跌趋势
  - 出现了更想投资的交易品种
  - 股价长期处于横盘状态，投资者始终没有关注

→ **当股价和预期相反，下跌时**

- **当满足什么条件时可以继续持有股票**
  - 股价的下跌是暂时性的
  - 业绩在稳步增长

- 从长远来看，上升趋势没有被打破
- 处于预期的价格变动范围内

● **当满足什么条件时应该卖掉股票**

- 股价在跌破了长期移动平均线2—3天仍然没有反弹
- 明显进入下跌趋势时
- 股价下跌的原因对公司的经营业绩造成了致命的损害
- 亏损超过了30%

● **当满足什么条件时无须多问应该直接卖掉**

- 判断业绩不会再增长了
- 短时间内超出了设想的市值
- 判断股价有跌破半价的风险
- 因财务欺诈、违法行为，给公司造成了致命的损失

大股东	
股东名称	**持股数量 · 持股比例**
CS控股	2,021,510（37.29%）
濑口力	680,000（12.54%）
濑口悦子	671,200（12.38%）
职工持股会	184,600（3.41%）
濑口瑞惠	160,000（2.95%）
BNY GCM CLIENT ACCOUNT JPRD AC ISG（FE-AC）	155,800（2.87%）
公司（库存股）	136,000（2.51%）
井手尾环	96,800（1.79%）
藤桦勇气	60,900（1.12%）
酒卷英雄	42,000（0.77%）

（截至2020年6月30日）

Lib Work的业绩推移

百万日元　　　　　　　　　　　　　　　　　　　　　　百万日元

销售额　■ 本期利润

※存在与损益表为基础的合计数值不同的情况。

行业比较

公司名称	总市值	销售额	营业利润
大和房屋工业（1925）2020年3月份（合并结算）	2.4800万亿日元	4.3802万亿日元	3811亿日元
Tama Home（1419）2020年5月份（合并结算）	560亿日元	2092亿日元	99亿日元
三泽住宅（1722）2019年3月份（合并结算）	492亿日元	3993亿日元	84亿日元
Lib Work（1431）2019年6月份（独立结算）	50亿日元	66亿日元	5亿日元

姓名：濑口力（SEGUCHI CHIKARA）
职称：董事长兼社长

简介
出生于山鹿市锅田。
1973年12月14日生，45岁。
熊本大学的大学院法学研究科毕业。
在大学院就学的1999年，入职本公司前身的濑口工务店
有限公司，次年就任董事长兼社长。上任以来致力于利用互联网获取客流量的战略。
全体员工中约半数为女性，作为活跃的女性企业荣获经产省授予的"多样性经营企业100强"
荣誉。推行了可以在合约金额基础上优惠200万日元的"新宅体验减免制度"，获取了"无
印良品之家"的营业权，发起提供整栋"VR"体验服务等一系列的改革。
兴趣是读书，因为书籍是"好想法"的来源。

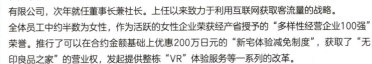

上市公司名称 株式会社Lib Work
法人代表 董事长兼总经理濑口力
股票代码：1431东证创业板·福证 Q-Board
咨询处负责人 董事兼管理部长 樱井 昭生
（TEL.0968-44-3559）

关于决定回购库存股票的相关事项的通知
（回购库存股是根据公司法第459条第1项条款规定执行）

　　本公司在2019年8月16日召开的董事会上，根据公司法第459条第1项规定的条款，
决议通过，决定回购库存股，特此通知。

记

1.回购库存股的原因
　　为了执行对高管和职工的激励计划以及应对经营环境变化的灵活的资本政策。

2.回购相关的事项内容
　　(1) 回购股票的种类：本公司普通股票
　　(2) 回购股票的数量：50,000股（上限）
　　　（针对已发行股票总数（除库存股）的占比为1.9%）
　　(3) 回购价格的总额：90,000,000日元（上限）
　　(4) 回购期限：2019年8月20日至2019年12月23日
　　(5) 回购方式：在东京证券交易所的市场回购

[来源]Lib Work官网

接下来向大家公开展示一下我在实际投资Lib Work后出席"股东大会"时做的笔记。

● 股东大会笔记

（2019年11月20日，这是出席股东大会时记下的笔记）

- 社长从未离开过熊本
- 随着股价上涨，给股东特殊待遇的优点渐渐消失，所以进行了拆股。
- 股价是经营者的责任
- 4年前在福冈证券交易所上市时的总市值是9亿日元
- 在法学部就读，原本志向是成为一名律师，后来接管了父亲经营的公司
- 不仅仅是一家建造独栋房屋的公司，而且是创造人类新生活的公司
- 独栋住宅今后会减少
- 住在小地方能感觉到人口在不断地减少
- 擅长线上引流客户的建筑公司
- 25岁开始就任社长至今15年
- 通过在线引流客户并在线下样板间体验的做法提升了签约率
- 在多个类别的网站进行广告推广
- 制作了大量的专业网站，向与专业网站匹配的人群精准投放广告
- 真正好的房源绝不会出现在网上

- ATHOME（注：房地产综合门户网站）上的信息都是滞销房源
- e土地网（注：熊本县、福冈县、佐贺县、大分县的土地信息搜索网站）不收取手续费，且有好房源
- 在小地方几乎没有投资房地产的人
- 与股东直接见面这是第一次的尝试
- 当然也有想在关东地区开展业务的想法
- 大公司只有样板间的VR（虚拟现实），而Lib Work针对所有住宅都提供VR服务。
- 如果能与优衣库（注：在 FAST RETAILING 旗下）开展业务合作就有意思了。
- 毕竟凭自己一个公司能做的事情太有限，希望能和各种公司合作
- 已经在与几家公司洽谈合作
- 正在洽谈合作中的，也有大家听了会惊呼"啊！"的公司
- 公司半数以上员工都是女性
- 从总公司步行到便利店，需要30分钟，步行到公交站要30分钟
- 现在的公司规模：员工有150名，本年新招27名应届毕业生，明年准备新招50名应届毕业生
- 因为施工前收取七成的费用，所以公司的现金流比较充裕
- 目前独栋建筑的市场占有率为0.1%
- 在东证创业板上市是为了能在东证1部上市
- 认为现阶段的重点不是马上在东证1部上市，而是在东证创业板突出存在感

● 问答环节的内容

Q 在线引流客户的数量增长的理由是什么？

A 在线引流客户从一开始就比较顺利，只是当时没有样板房，所以成交率比较低。建成样板房之后，成交率就提升了很多。

Q 今后面向全国推广时，采取怎样的措施？

A 与其他公司合作。建筑物固然很重要，但地盘同样也非常重要。可以从e土地网上获取受欢迎的土地信息。

Q 未来的经营方针是什么？

A 我认为有必要进行全流程的内控化。聘用应届毕业生木匠，公司会带薪培养3年。正在导入无须现场监督的专员，全员皆可以监督整个现场的机制；导入核对表并将确认要点系统化。

Q 有对标的竞争对手吗？

A 并没有和其他公司对标。倒是很关注亚马逊、优衣库之类的跨行业公司，希望能从中偷学到一些东西。

Q 会让新入职的应届毕业生做些什么工作？

A 在线引流客户后，由应届毕业生负责实际的销售工作。录用应届毕业生的理由是他们不在乎薪水，谈论梦想能引起共鸣。而聘用成型的人才，他们往往很介意薪资条件。最近来了一位过去做过YouTube主播的应届毕业生，如果来年可以开始YouTube频道的话，那就很有意思了。全体职员的构成为，综合岗46名、事务岗4名、木工1—2名。综合岗的一半为销售，一半为设计、策划、内部工作。

Q 会不会让客户体验入住?

A 会的!

Q 在口碑的运营上有什么措施吗?

A 我认为业务扩展的关键就是客户的口碑。如果客户没得到满
  足，那么一切的责任都在于我们。

Q 市值的目标规模是多少?

A 将在东证1部上市作为总目标，最晚在5年内达成总市值500
  亿日元的目标。

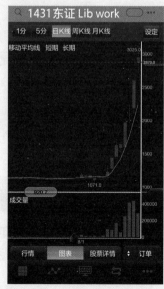

[来源]MONEX证券

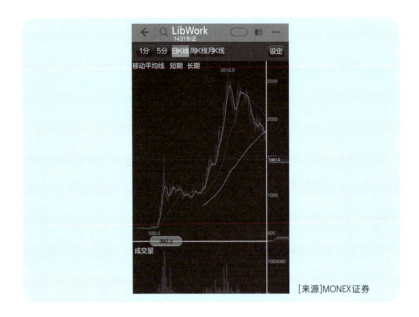

[来源]MONEX证券

买入以后每天确认一次股价就OK了

买入股票之后应该怎么做呢？

让我们按照日、月、季、年来看看都应该做什么吧。

☑ 买入股票之后要每天确认一次股价

确认一下有没有伴随着成交量增加而暴跌等异常情况的出现。
也可以在上班的路上、乘车时、中午饭或休息时确认。

如果没有股价的暴涨或暴跌，那么看完就结束

如果已登录智能手机的应用，那么用不到1分钟简单的操作就能确认好。如果发现股价异常，就需要切换到"紧急模式"，然后进行进一步确认。当股价出现剧烈震荡时，很可能出现了某种信息（在这种情况下，可以确认一下接下来要说明的公司HP的"IR信息"）。

 每月至少要访问公司主页确认一次"IR 信息"

通过确认"IR信息"可以了解与其他公司的合作情况、新商品及服务、回购库存股、股票拆分等信息，几乎涵盖了所有重要的信息。如前面所讲，每天确认股票价格时，如果发现价格剧烈变动，就要及时确认IR信息。

 将每季度的"决算说明会"、一年一次的"股东大会"的日程输入"谷歌日历"，提前安排好日程

当年报说明会和股东大会的资料发布时，要先阅览一下。特别是决算说明会的资料，即使是个人投资者也很容易理解，所以一定要读。通常，决算说明会与视频一起发布在公司网站上，能够感受到社长、财务、IR负责人的氛围，所以是非常推荐看的。

 按照一个月一次的频率，查找新的投资标的的同时"定点观察"持有的股票

如果公司开展的是餐饮连锁店的业务，就看他们新店铺的增长数量。如果公司开展的是手机游戏的业务，就确认游戏应用的下载量（DL）和活跃用户数的增长情况等，确认每个业务的主要参考数值是否在稳步增长。

 尽可能参加一年一度的股东大会

我推荐集中投资的原因是因为通过聚焦于少数股票，可以对相关信息进行更为详细深入的了解。虽然多数时候股东大会的实况录像会上传到公司网站上，但是在线上获得的信息与实际到现场获得的信息，在"质量"方面毕竟还是完全不同的。

因为新冠病毒的肆虐，今后的股东大会将会以怎样的形式召开，虽然还是未知数，但如果能置身于股东大会的现场，就能感知到管理者的干劲与自信、其他股东的氛围等信息，这些是没法在线上获得的信息。

 查看"公司的季度报告"和"分析师报告"

"公司的季度报告"和"分析师报告"一旦公布以后，就从"第三方是如何评价自己持有的股票"这一观点看问题吧。

分析师的报告通过在网上搜索"持有股票名称""分析师报告"就能找到了。公司的季度报告，哪怕仅仅是看一下自己持有股票的那一页也好。多数的证券公司会面向开户的用户免费提供公司季度报告，现在很多证券公司开通了可以通过手机应用确认公司季报的服务。

利用空闲时间来查看持有股票的相关信息

在平日的空闲时间里，用推特、谷歌新闻等搜索一下"公司名称""产品名称""社长姓名"等关键词，查找一下自己持有的股票的相关信息吧。

买入股票之后要检查的要点

每日

●股价

目的 若股价突然剧烈波动，要查明原因（若没有就可以通过）

紧急模式

· 在发布新消息以及年报的前后股价突然剧烈波动时
· 涨停或跌停时   } 需要详细调查
· 在寻找卖出持有股票的具体时机时

每个月 1次

●IR信息

目的 确认有没有需要改变投资判断的新的信息

●发掘新的投资目标，确认指标（店铺、会员、下载数量等）

目的 查找新的投资标的，确认业务是否稳步推进

每个季度

●年度财务报告·公司四季报·分析师报告

目的 了解年度财务报告前后的价格变动
了解公司业务的进展程度
了解第三方的评价

每年

●出席股东大会

目的 了解管理人员以及管理层的氛围
了解参加股东大会的个人投资者的类型

空闲时间

●推特以及谷歌新闻

目的 确认是否有需要更改投资判断的新信息

101

推特上的信息鱼龙混杂，像作者的臆测或持股者为了诱使股票上涨而发布的内容之类的，就要略过。如果能专注于探索有数字佐证的"事实"，那么就没有比推特还即时有效地获取信息的渠道了。

另外，为了掌握所持股票的价格变化特点，在公布年度财务报告以及新产品或服务相关的信息时，建议以比平时更高的频率进行确认。

 每月要维护一次所持股票

每月都要把新的信息、股价图表、业务的进展状况等反映到自己的投资策略中，并进行升级。这同时也有更新投资策略信息的目的。

一月一次的股票维护就按照以下内容进行确认吧。

→ **每月要维护一次所持股票**

- 再次确认买入该股票的理由
- 确认一下是否仍会坚持买入该股票
- 确认一下业务是否在稳步推进
- 确认一下目标总市值的达成率
- 确认一下投资策略是否有需要变更的部分（根据需要修改）
- 确认一下股价图表的走势是否被破坏
- 确认一下是否有关于该只股票的最新信息或新闻
- 确认一下世界的动向是否有变化

要思考资金的流动性

世界上有"实体经济"和"金融经济"这两种经济。

实体经济是我们为了生活而花钱和赚钱的经济圈，金融经济是富裕阶层和投资基金以增值为目的的经济圈。

GDP（国内生产总值）和贸易收支、CPI（消费者物价指数）等，是表示所有实体经济结果的数值。

我们日常生活中购买商品、利用服务时的金钱交换都属于实体经济的范畴。每天的购物、水电费、餐饮费、交际费、交通费等，用金钱来交换的凡是眼睛可以看到的有形的商品及服务都是实体经济的特征。

另外，并非为了生活而使用的金钱，如股票和债券之类的金融产品以及不动产的投资等，都是以赚钱为目的进行的金融经济。

金钱原本就是为了使实体经济能够顺利进行而发明出来的。它使物品的交换变得顺畅了，成为衡量商品以及服务的价值尺度，而且还容易保存，所以它成为运转实体经济的非常便利的工具。

曾有一段时期，金融从业者被称作"放债人"，在那个时候这被视为卑贱的职业。到20世纪80年代为止，实体经济和金融经济的比例大约在9：1的程度，金钱的交换大部分都是在实体经济中完成的。

但是到了现在这个比例已经反转，实体经济与金融经济的比例变为1：9，金融经济的规模已远远超过了实体经济。

我想大家都在新闻上听说过"社会上的钱过多"之类的话，这实际上并不是在指实体经济，而是在指金融经济。

2015年时曾在社会上风靡一时的法国经济学家托马斯·皮凯蒂的《21世纪的资本论》中有一个著名的公式。

$$r（资本收益率）> g（经济增长率）$$

"r(资本收益率)=金融经济" > "g（经济成长率）=实体经济"——也就是说，实际上相比以人们的生活富足为目的的"实体经济"的增长率，以赚钱为目的的"金融经济"的增长率更高。

虽然经济景气和萧条是会循环往复的，但社会上流通的钱的总量却没有大的变化。在金融经济中，金钱总是会流入那些"能够更高效获利的地方"。

如果世界的某地发生了战争，资金就会立即透视未来的需求，从而流向原油（因为战争需要原油）。如果公司的业绩颇为可观，资金就会流入股市；如果未来变得不透明，资金就会流入被称为安全资产的国债里。

如果找到了可能赚到钱的投资目标，资金就会争先恐后地涌进去；而当感觉到不妙之时，资金又会争先恐后地撤离。就这样，资金涌入的地方价格就会上涨，资金流出的地方价格就会下跌。金融经济世界里的资金就是这样，它们总是在不断地寻找着新的去向。

可问题是，这么庞大的资金究竟会从哪里流出，又会流入哪里呢？对金融经济来说，读懂这些金钱的流向是非常重要的。

金融经济原本是为了支持实体经济的顺利运转而建立起来的，但现在，它却把实体经济抛在一边，独自地不断膨胀。金融经济可以说已经不再是支持实体经济的了，它俨然成为一套榨取机制，榨取那些在实体经济里活动着的人们。

我不想在这里议论已经成为现今模样的金融经济的是与非，但是，正因为现实是基于这样一个社会结构，所以我们才更应该考虑"投资"这一选项不是吗？

4

成功的投资者懂得
"舍弃"信息

成功投资者的信息收集技巧

在步骤4这个章节，我们来讲一下有关收集信息的方法。

当今时代以互联网为中心，持续着慢性"信息过剩"的状态。在这样的时代里，相比如何入手信息，如何舍弃信息（不阅读）变得更为重要了。

在当今收集信息的过程中，相比"收集必要的信息"，"避免接触不必要的信息"这一技能更加重要了。

一拿起手机，就会不知不觉地在毫不相干的页面上花掉30分钟。这样的经验，我想谁都有过。

想要避免这种情况的发生，我们有必要事先意识到"现在需要哪些信息，不需要哪些信息"。

接下来，我们做一个练习题，只需简单的两步，就能大幅提升信息收集的能力。

实践操作

请参考下一页的图，回答下面的两个问题。

Q1 你会点击哪篇文章呢？

Q2 请说明点击那篇文章的理由。

第一个屏幕

| 首页 | 新冠病毒 | 经济 | 热点 | 国际 |

10万日元扶助金的用途前3位，第3位支付房租、第2位用于隔离期间的……

sarai.jp. | 小学馆

IRIS OHYAMA、国产口罩的生产能力提升到1.5亿枚/月

化妆品行业人员必读……

在前川喜平氏的《9月入学论》中，"毫无责任的议论泛滥"。"在文科省过去曾……

体育报道

地方新闻可以看到乡镇村的相关报道了

Spontscored by dmenu新闻

4人中有1人远程办公。关于午餐，有两成的人表示"不想在做饭上花时间"/外卖研究所调查

SalesZine

支持凸版印刷、装修的"RenoPlaza"服务开始了

AMP "AMP" 商业灵感

LINE的暗号化资产交易服务、黄金周假期期间免手续费

暂时许可在国内销售免税产品 新冠期间的库存处理－韩国

律师担心"因新冠犯罪行为猛增排行榜"

第二个屏幕

| 首页 | 新冠病毒 | 经济 | 热点 | 国际 |

从20岁开始的资产管理指南～2020年版 成功、失败案例的介绍

ZUU online

inageya、截至20年3月份的营业利润超8亿日元、上扬转为获利

DCS onling

什么样的人在用"Uber Eats"？需求激增的……

netorabo调查团

在家办公，随意看视频？！"学会了偷懒"员工……公司可以采取的对策是？

律师网新闻

马自达、涂色本纸艺配送、在家的时间做手工

广岛新闻 好想吃啊

ETF股票检索网站的简便用法！找找自己喜欢的ETF吧。

东证金钱部

金与正或许获得了继位者的身份

朝鲜日报日本语版

美国星巴克，销售额下降5%，在中国减半－1~3月期间新冠的影响

时事通信社

[来源] SmartNews

请问，有答案了吗？

"总之就是被吸引了""关键词勾起了我的兴趣""感觉能获取一些有用信息"——你是不是因为这样模糊的理由点击新闻了呢？如果是闲着无聊，那么看看这些新闻倒也无妨，但要想更有效率地获取投资信息，就需要进一步思考了。

举个例子，假设点击了题为"10万元扶助金的用途前3位，第3位支付房租、第2位用于隔离期间的……"这则新闻吧。期望能借此找到投资机会的人和并无这种目的的人，点击该文章的理由也是不同的。

→ 没有投资目的的人

- "大家都是如何使用扶助金的呢？"
- "用于房租，的确能感同身受，那第一位是什么呢？"

→ 期望能借此找到投资机会的人

- "扶助金的使用方式，提示了接下来股价可能会上涨的行业和公司"
- "有可能会发现个人消费火爆的行业"
- "如果扶助金没有用于消费，而是用于储蓄的话，那就达不到政府所期待的经济效果了……"

即便看到的是同一则新闻，根据目的的不同，所"感知到"的要点是不同的。

　　只要带着"要找到投资的机会"这种明确的目的，就能在瞬间舍弃与投资无关的信息，高效地选择信息了。

　　如果有"只看那些能够发现投资机会的新闻"的想法，那么就能够像下面这样对信息做出取舍。

IRIS OHYAMA、国产口罩的生产能力提升到1.5亿枚/月

☞ "如果口罩的生产量增加，口罩价格就可能会下降。随之，口罩生产商的股价没准就会下跌"

针对前川喜平氏的《9月入学论》

☞ "属于毫无意义的信息，所以绕过"

4人中有1人在远程办公

☞ "远程办公的普及度已经很高了。如果远程会议标准化了，就不需要办公室了，那么房地产市场将遭受巨大的打击。在家办公关联的需求要增长了"

支持凸版印刷、装修的"RenoPlaza"服务开始了

☞ "今后的装修需求的确可能会增长。新的服务虽然很吸引人，但属于不熟悉的行业，等有时间了要去调查了解一下"

LINE的暗号化资产交易服务、黄金周期间免手续费

☞ "属于没什么意义的信息，所以绕过"（暗号化资产属于投资目标之外）

暂时允许在国内销售免税产品

☞ "这只不过是暂时的对策罢了，绕过"

律师担心"因新冠犯罪行为猛增排行榜"

☞ "如果是真的，安全用品的需求可能会增多。从使用'担心'这种表述可以判断还处于预测的阶段，所以信息的价值应该比较低"

从20岁开始的资产管理指南

☞ "从这类题目的文章里几乎没获得过什么有价值的信息，所以绕过"

Inageya、截至2020年3月份的营业利润超8亿日元

☞ "因新冠导致外出就餐的需求减少，在家就餐的需求增加。厨具的销量以及在家饮酒的需求可能会使酒的销量上涨"

什么样的人在使用"Uber Eats"？需求激增的

☞ "外卖的需求会增长。至于谁在使用这个软件，就是无关紧要的信息了，绕过"

在家办公，随意看视频？！

☞ "在线视频内容的需求可能会增加。在家办公的同时偷懒的人会增多，所以网络漫画的需求也会越来越大"

> **马自达、涂色本**

☞ "无关紧要的信息，绕过"

> **ETF股票搜索网站**

☞ "ETF（上市信托投资基金）不属于投资目标，绕过"

> **金与正或许获得了继位者身份**

☞ "这种新闻与集中投资小盘股没有关系，所以绕过"

> **美国星巴克，销售额下降5%**

☞ "受新冠肺炎疫情的影响，关闭了大部分门店，销售额当然会下降。可销售额的下降幅度只有5%，这的确很厉害。但是，如果关店持续下去的话，销售额就会进一步减少，业绩应该会进一步恶化吧。"

就像这样，要即时判断是否为有用的信息。不要把时间浪费在无用的信息上，一定要果断舍弃。网上的新闻很多都是用耸人听闻的题目来赚取流量（PV）的，所以很多时候内容与题目都不太相符。

关键就在于不要查看"自己感兴趣的新闻"，而是要查看"有可能促成投资的新闻"。

解读投资信息的3个关键点

为了让信息能够在投资中起作用，我们必须只读取"事实"的部分。因此就要注意下面这3点。

解读投资信息的3个关键点

 分清"意见"和"事实"

 试着转换成"简单的语言"

 "站在对方立场"思考"为什么"

 分清"意见"和"事实"

所有的信息都有信息的发布者。有客观地只传达"事实"的信息，也有很多加入了发布者意见的（主观）信息。

重要的是在读取信息时，要养成分辨它是"意见"还是"事实"的习惯。在投资股票时使用的所有信息，基本上应该只限于基于"事实"的部分。

特别是在推特、脸书、博客等平台上发布信息的个人，经常会把个人的"意见"写得就像"事实"一样。

在那里，为了能让自己持有的股票价格上涨而发表诱导性言论的人非常多。阅读的时候，我们不要在意他们的意见，而应专注于读取"事实"的部分。

除非是特殊情况，比如你对发布信息的人非常了解，而且"这个人的意见很值得参考"，可信度高，那么，这个时候参考此人的"意见"也是可以的。

 ## 试着转换为"简单的语言"

只有将任何信息都能转换成简单的语言来描述，才算是真正理解了信息。

接下来，就请试着将下面的文章用简单的语言转换一下吧。

SoftBank G、 抛售4.5万亿日元资产
回购库存股2万亿日元
2020年3月23日14：07（2020年3月23日15：15更新）

　　SoftBank Group（SBG）在23日发布，为了回购库存股和减少负债，拟出售4.5万亿日元的资产或将其兑现。持有的中国阿里巴巴集团和国内通信公司SoftBank等上市的股票，将成为主要的抛售对象。筹备好的资金除了用于回购库存股之外，还会用于压缩债务、强化财务管理上。

　　SBG作为投资公司，持有股票的价值超过27万亿日元。此外，SBG本身的股票总市值截至19日达到约6万亿日元，而在市场上的交易价格却比他们所持股票的价值还要大幅降低。为了改善这种被市场低估的情况，他们做出了以持有资产为资金源购买库存股来压缩负债的大胆举动。

　　该交易将在接下来的第4季度开始实施。筹备的4.5万亿日元资金中，用于回购库存股的金额最多为2万亿日元，这是13日公布的上限。

[来源]日本经济新闻电子版

大家转换好了吗？如果将这个新闻简单化理解，就会变成这样。

- "卖掉持有的股票，用这个资金偿还债务，然后购买库存股"
- "持有价值27万亿日元股票的SoftBank G（集团）的市场估值仅为6万亿日元，这价格也太低了，我们自行购买自己的股票就好了！"

虽然在文章中出现了"出售资产""压缩债务"等财务用语，但其实就是一则"把自己持有的股票卖掉，偿还债务，回购自己公司股票"的新闻。养成了简单化理解的习惯，会进一步提高我们对投资信息的理解程度。

 "站在对方立场"思考"为什么"

接下来，基于这个消息，让我们从对方（SoftBank G）的角度思考一下"为什么"吧。这则新闻可以整理为以下两点。

- SoftBank G要卖掉持有的4.5万亿日元的股票
- 要通过卖掉股票得来的收益偿还债务并回购库存股

那么，SoftBank G为什么会这么做呢？

企业的行为一定是有其理由的。首先要考虑的就是"卖掉持有的股票"的举动，这背后可能隐藏着两个背景。

● "认为继续持有股票也不会涨了，所以就卖掉"

● "需要现金，所以要卖掉"

如果SoftBank G认为自己持有的股票的价格还会上涨，并且对现金没有迫切的需求，那么也就不会有卖掉持有股票之举了。

从卖掉"持有股票"的新闻中可以窥见到"现在需要马上卖掉"的意图。那么，为什么必须要马上卖掉呢？

新闻中报道的理由是"偿还债务"和"回购库存股"。

如果按照这样的顺序思考下去的话，这则新闻的本质就会水落石出了。也就是说，**"偿还债务"和"回购库存股"的压力，已经迫使其卖掉持有的股票也在所不辞。**

实际上截至这则新闻发布之前，SoftBank G的股价都在大幅下跌。

因为SoftBank G用持有的股票作为担保从银行借钱的方式做了巨额的投资。所以，自己公司的股价如果大幅下跌，那么用于担保的股票估值也就会随之大幅下跌，这就会导致担保金不足。

举例说明一下，就如同"用1000亿日元相当的股票作担保，借入了800亿日元，但是现在股价降低了一半，所以担保的价值就变成了500亿日元"。

那么对于银行来讲，贷出的金额800亿日元已超出了担保的价值500亿日元，所以就会要求"追缴相当于300亿日元差额的担保或偿还300亿日元"。

因为SoftBank G没有那么多的现金，所以要卖掉持有的股票将其变现，然后偿还债务并回购库存股。

　　至于他们不仅要偿还债务，还要回购库存股，其原因就是，如果公司的股价上涨了，用于从银行贷款的担保（股票）的估值也会提升，这样一来也就不用再追缴担保的差额部分了，这就是其中的奥秘（当然也有"自己公司股价过低"所以想要改善它的意图）。

　　本来这次偿还债务的起因就始于股价的下跌，所以如果用回购库存股的方式来支撑股价的话，那么就可以避免来自银行的"偿还债务"的压力了。所以总结这则新闻的本质，就如下面所示。

　　● "因为SoftBank G的股价暴跌导致了从银行贷款时用于担保的股票的价值骤减，所以，陷入了不得不马上向银行补缴不足部分的状态"

　　像这样站在对方（公司）的立场解读信息，就能看到事物的本质了。

那则新闻给业绩造成的影响有多大

　　新冠肺炎疫情下，我收到了这样的提问。

> Q 在新冠肺炎疫情不断扩散的背景下，当看到大型制造型企业
> 夏普开始销售口罩的新闻时，感觉他们开始提供"社会上需
> 要的商品"了，所以认为股价应该会上涨。可结果却是出乎
> 意料，股价纹丝不动……这是为什么呢？难道是因为大家都
> 认为这个需求是暂时性的，所以股价才没变动吗？

这是个非常好的问题。当我们看到"开展新业务""发布新产品""产品广受欢迎"之类的新闻时，往往都认为股价会上涨，可实际上股价却基本上没有变动。像这样的例子实际上是比较常见的。

关键就在于"公司整体的业务规模"与"个别业务规模"之间的平衡。

口罩这一新业务，即使以单一商品大获成功，对于夏普这样整体业务规模巨大的公司来讲，它的影响力还是非常有限的。因此，对股价的影响也就会很小。

所以，思考"该业务对公司整体业绩的影响有多大"，这样的观点是不可或缺的。

股价是与该家公司创造出的整体业绩相关联的。业绩上涨，股价当然就会上涨，可如果公司整体的业绩没有上涨，股价就不会上涨了。

夏普是总市值规模约为6700亿日元（2020年8月）的大盘股，口罩销售业务给整个业务规模带来的影响还是微乎其微的。

话虽如此，这则新闻的价值却很高，它可以起到宣传企业的作用，但是对股价却未产生任何影响。

如果这是个小规模公司（小盘股）的话，就会给公司的整体业绩造成较大的影响，股价也会随之飙升。

我们再具体地看一下吧。

夏普所发布的口罩生产数量为第1次（2020年4月27日）3万箱，第2次（2020年5月6日）6万箱，第3次（2020年5月13日）6万箱，合计为15万箱（抽奖销售）。

1箱（50片装）的价格为2980日元（不含税）。假设这些全部销售出去的话，就是1箱2980日元×15万箱=4.4700亿日元。假设利润率为20%的话，利润约为9000万日元。按照这个销量，假设生产一年的话，年生产量能达到约300万箱，销售额能达到约89亿日元，利润则能达到约18亿日元。

与此相比较，整个夏普在2019年的年度财务报告显示销售额约为2.4万亿日元，营业利润为841亿日元。

夏普

总市值	6820亿日元
销售额	2.4万亿日元
营业利润	841亿日元

对于销售额约为2.4万亿日元、营业利润为841亿日元的大公司来说，即使再增加89亿日元的新销售额与18亿日元的利润，对销售额与利润的影响分别为0.4%和2%。这就是新产品口罩未给股价造成影响的原因所在了。

不过，如果它是一家小公司（小盘股）的话，对股价的影响就很大了。

规模尚小的 A 公司

总市值 100亿日元
销售额 10亿日元
营业利润 1亿日元

　　如果是一家销售额仅为10亿日元的小公司，那么给它加上新产品口罩的销售额89亿日元，销售额就能达到约100亿日元，规模一下子就扩大到了原来的10倍。营业利润从1亿日元增加到18亿日元，相当于规模迅速增加到了20倍。

　　所以，若换成是这家A公司（小盘股）的话，那么它的股价飙升程度就不难想象了吧。

夏普

规模较小的公司

销售额：2.4万亿日元
营业利润：841亿日元

销售额：10亿日元
营业利润：1亿日元

加上新商品口罩的销售额约89亿日元，
利润约为18亿日元时的影响力

对销售额和利润，分别只有0.4%、2%的影响力（股价没有波动）

销售额有10倍，利润高达20倍（股价上涨）

原来根据公司的规模产生的影响力的大小是不同的啊！

就像这样，即便公布的新闻是完全相同的内容，根据公布的公司整体的业务规模不同，股价的波动情况也会完全不同。

大企业（大盘股）因为销售额以及利润的规模原本就很大，所以不会因为一般的"新业务""新商品"等，对业绩产生多大的影响，股价也不会有大的变动。

但如果是小公司（小盘股）的话，那么只要公布"新业务""新产品"或"发布业务合作（协力合作）"之类的新闻，就能期待它产生与公司整体业务急速扩张时相匹敌的影响力。

这就是不选择大企业而选择小盘股投资的理由之一。

股价下跌是买入的时机吗

股票投资的基本常识虽说是"低价买入，高价卖出"，可我感觉，买股票时"就像在超市买菜一样"的投资者非常多。

买菜时，如果是同一样东西，可以认为"降价了＝便宜"，这是完全没有问题的。

原本卖500日元的果蔬，如果能在营业结束之前用半价买下来的话，那的确很划算。

但是，股票却不一样。不论股价降了多少，如果那家公司的内部已经烂掉了，那么就如同花高价买到了烂东西。

股价是高还是低，应按照下面的方法进行判断。

→ 股价是高还是低，这样来判断

- 高价股=未来的公司价值<现在的公司总市值
- 低价股=未来的公司价值>现在的公司总市值

请想象一下一只"下金蛋的鸡"。

假设现在有一只鸡，正以100万日元的价格销售，它每天都会生出一个价值1万日元的金蛋。那么判断这只鸡是否便宜，就要看"它能持续每天下金蛋到何时了"。

如果1个金蛋能卖1万日元，那么持续下蛋100天，就能收回购买它时花去的费用，之后就能一直获利了。如果这是一只年轻又充满活力的鸡，预测未来2—3年内每天都能下一个金蛋的话，就是非常值得的交易了。

但是，如果这只鸡的身体很虚弱，甚至虚弱到无论何时生不出金蛋都不足为奇的话，那么用100万日元购买它就存在收不回成本的风险了。投资股票也与此相同，相比"鸡所标出的价格"，更为重要的是"那只鸡能够持续下金蛋到何时"。

降价的鸡，必然有降价的缘由。或许是它生病了，又或许是2—3天才能下一个蛋。

因此，**轻易地决定购买低价股是危险的。**

即使股价下跌了，也要看清公司的实质，确认业绩是否存在问题，之后才能判断其股价是否"偏低"。

股价下跌后反弹需要满足的3个条件

就像在新冠疫情时期出现的暂时性的股价齐跌那样，任何优秀的股票都会在这时跟着下跌。

眼看着自己持仓的股票不断地下跌，就会感到恐惧，所以这时很容易忍不住抛售，但就在这时，容易出现你前脚刚一卖出紧跟着价格就开始上涨的情况。

以我自身的经验来讲，业绩增长乏力的股票一旦下跌，就倾向于借着那个势头继续下跌。可是业绩稳步增长的股票却不同，哪怕短期内下跌了，也会在下跌至大约30%的地方见底，而后常常以较强势头回到上涨趋势。

价格下跌之后再次反弹的情况，需要在这3个条件同时成立时才会发生。

股价下跌后反弹所需的3个条件

 业绩良好，还有增长空间的公司

 股价图表仍呈现出上升趋势

 股价下跌的原因与业绩无关

接下来就以在东证创业板上市的面向医疗机构运营在线诊疗应用程序"CLINICS"的"MEDLEY"公司（4480）为例，进行说明吧。

如图所示，股价并不是一直呈直线不断上升的，而是在反复上涨或下跌的过程中上升的。

观察股价翻至几倍的股票的"涨跌"幅度，最常见的模式就是在达到最近的高值后，下跌至30%左右，然后再次上涨。

从中长期看那些大涨的股票，也能看到股价是以30%的价格幅度涨、跌的。如果以股价涨至3倍为投资目标的话，那么对于眼前以30%的幅度涨、跌的股价，从一开始就要意识到这是一种常见的情况。

4480 MEDLEY

期间 6个月 ▼ K线种类 日K线 ▼ 类型K线（红绿）▼

❶1883日元 ▶ ❷1310日元（−30.4%）
❸2694日元 ▶ ❹2097日元（−22.2%）
❺3645日元 ▶ ❻2350日元（−35.5%）

（来源）MONEX证券

你会买300万日元一瓶的威士忌吗

如果说有300万日元1瓶（700mL）的威士忌，你会怎么想？

加上税的话330万日元，限定数量为100瓶，而且全部抽奖销售。支付方式只限于银行一次性转账，不接受分期付款——这是购买条件。

"一瓶300万日元的威士忌到底是什么味道呢？"

"谁会买那么贵的威士忌呢？"

"一瓶威士忌300万日元是不是疯了。"

——做出这样的反应，应该是很正常的吧？

说到这里应该有人已经留意到了吧，对，说的就是2020年2月三得利出售的最高酒龄威士忌"山崎55年"那件事。

门槛还不仅仅是300万日元的高价，想要申请参加限定100瓶的抽奖销售，还要写400字以上关于单一麦芽威士忌"山崎"的回忆或情怀。尽管有这么多门槛，仍然有大量的人申请要进入这道窄门。

一般来讲，无论有多么喜欢威士忌，应该也不会去购买1瓶300万日元这么高价的威士忌吧。但是，如果稍微改变一下看问题的视角，对这个价格的看法就会发生改变了。

三得利在以前也做过几次"山崎50年"威士忌的抽奖销售。2011年限量150瓶销售时"山崎50年"的定价为100万日元。

这个"山崎50年"，在2018年1月中国香港拍卖会上拍卖时的最终成交价，是令人惊讶的。最终成交价为3250万日元。花100万日元购买的东西，仅仅在7年后就暴涨到了32倍。

参考这个竞标价格，"山崎55年"在今后能拍出相当高的价格也是不难想象的。

使用现存的原酒酿造的威士忌数量本来就非常有限。2011年发售的"山崎50年"，使用的都是自2011年开始往前50年以上的原酒进行混合调配成的，可是想从现在开始增加50年以前的原酒的量，那已经是不可能的了。

"山崎50年"可能会被喝掉，也可能会被摔碎，只能致使其绝对数量减少，但绝不会增加，也就是说，随着时间的推移，其稀有价值会进一步提升。

◎ 数量有限，今后也不会增加

◎ 随着时间的推移，价值会升高

◎ 总是有想要的人

——具备这些条件的，可不只有威士忌，还有著名酒庄的葡萄酒、限量版法拉利、绘画艺术作品等，它们的价格也会随着时间的推移一起上涨。如果它们能保持良好的状态，就有可能卖出更高的价格。

有些人会购买意大利的高级跑车"法拉利"，然后过不多久就会换掉，他们不单是因为有钱才这么做的。他们非常了解这个市场，所以才买入法拉利，享受完开车的快乐之后，就把它卖到二手车市。因为这样做，他们能卖出比购买新车时还高的价钱。

法拉利新车的交付一般都会在几年之后，所以有一部分人就会认为，与其等待那么久，倒不如多花一点钱马上买一辆新的二手车。

按一般消费者的视角思考的话，想到"1瓶300万日元的威士忌价格简直高到无法让人购买"，思考就停止了。但是，按投资者的视角思考的话，"最低也值几千万日元的威士忌能以300万日元的价格入手的话，那简直是太便宜了"，出现了这样截然相反的想法。

顺便说一下，这个定价300万日元的"山崎55年"，在2020年8月21日中国香港邦瀚斯拍卖行举行的拍卖会上，以620万港币（约8400万日元）的价格成交了。

这种思维方式的差异不仅体现在威士忌、法拉利、艺术品上，还体现在很多场合。例如，像"六本木Hills俱乐部"和"ARK Hills俱乐部"一样,可以利用各种设施的高额会员制的俱乐部也是如此。

300万日元的威士忌简直太贵了！

价值3000万日元以上的威士忌300万日元就能入手，简直太便宜了！

重要的是，是否具有超出金额的价值！

ARK Hills 俱乐部设立在东京赤坂的"ARK 大厦"，"ARK 大厦"由办公室、住宅、酒店、音乐厅等复合设施构成，ARK Hills就在这座大厦的最高层（37层）。

这是由运营六本木大厦等东京都内多个高级大厦的大型企业"森大厦"管理的俱乐部，会员不面向大众公开募集，入会需要有一名理事和一名以上会员的推荐。

入会时需要支付400万日元（含入会费90万日元），年会费为25万日元，是非常高额的会员制俱乐部。普通的消费者会说"会员费那么昂贵，谁支付得起啊"，但对于实际支付了这个高昂会费的会员来讲，他们基本上都收获了已支付金额以上价值的回报。

据传乐天的会长兼社长三木谷浩史和软银集团的会长兼社长孙正义，也是"ARK Hills俱乐部"的会员，"将自己置身于周围都是支付了高额会员费的人群中"，这本身就能获得巨大的价值。

加入高额会费高尔夫俱乐部会员和听讲座，也是这样的思维。乍一看，觉得会费非常昂贵，但是，在这种环境里获得的人脉以及知识，却有着超过支付金额的价值。

5

至少要看懂的
股价走势图

在"基本面分析"和"技术分析"中各取所长

股市投资的分析大致可以分为"基本面分析"和"技术分析"两种。基本面分析看的是公司的利润和股息，以及从大的视角来衡量股价是否偏高（或偏低），比如从利率以及经济走势等视角。而技术分析则是通过分析图表看过去的价格波动，来预测未来股价走势。

在投资者之间，存在着"基本面分析派"和"技术分析派"，就像派系一样也有对立的倾向。但其实没必要二选其一。因为无论哪一个都有它的优点和缺点，所以不必只选其中的一个，各取所长才是最好的。

我自己大概是以"基本面分析：技术分析=7：3"的比例各取所长的。

那么接下来就以我自己的理解说明一下它们各自的特点吧。

● 基本面分析是什么？

基本面分析派认为从中长期来看的话，公司的股价会与公司的业绩（利润）成正比。所以会认真阅读公司的财务报表，参考PER（股价收益比率）、PBR（股价净值比）等指标，一旦发现那些业绩很好、股价却很低迷的低价股就会买入。公司的业绩因为极少出现极端的涨跌，所以一旦进行投资，就会以长线思维去投资。他们有把技术分析派视为"迷信者"的倾向。

● 技术分析是什么？

技术分析派认为，股价是由想要买入和想要卖出股票的人的供需平衡所决定的。他们认为基本面分析派所重视的财务报表和业务规划书都无意义，眼前的股价变动已经把所有的信息都融入进去了。技术分析派的投资者中，日内交易员和短线操盘手居多。他们看着眼前的K线图和买卖盘（每笔价格的买入订单与卖出订单的一览表）以及各种指标，针对眼前瞬息变化的股价，认为会涨就买入，认为会跌就卖出。他们有把基本面分析派的投资者视为"迷信者"的倾向。

讲得再通俗一点就是，基本面分析派是预测中长期的业绩会增长而进行投资的，技术分析派则是预测眼前股价的变动进行投资的。

那么，集中投资小盘股应该怎么做才好呢？

如前文所述，**把PER这样的基本面指标看得过于绝对的话，投资是不会成功的。**

为什么这么说呢？因为PER(股价收益比率)是基于"如果今后能持续获得与现在相同的利润"这一不可能的前提计算出来的指标，是脱离了现实的指标。一直保持和现在一样的利润，怎么可能呢。

再说一下PBR（股价净值比），它是按某个时间点的账面价格（账簿上的价格）计算出的资产价值指标，可实际上，等真的要出售资产时，转让日的市值与它是不同的。

我把这些基本面分析的指标仅仅作为参考。但也不是因为这样，就特别重视技术分析，更不会做过度的图表分析。

仅仅一个"技术分析"就包括"K线图""移动平均线""布林线""停损点转向指标""轨道线""移动平均线乖离率""一目均衡表""随机指标""心理线""SI""MACD""RCI""DMI""ROC""动量指标""相对强弱指标""卡吉图""点数图""逆时针曲线"等等，还有其他许多指标。

可是无论记住了多少指标，如果无法运用自如，那么就没有意义。就像学做菜那样，与其从形式上备齐10种刀具，倒不如把一种刀具运用熟练更能提升做菜的水平。

所以，在此严格筛选了集中投资小盘股时需要的技术分析图表（股价走势图的看法），我认为"只要掌握这些就足够了"。

学习图表不像在学校的学习那样只要"记住"就行了，学习图表的关键在于"理解"。

股价图表是一种精度模糊的分析工具

首先，我们先搞清楚分析图表的目的吧。

分析图表的目的是"从反映过去价格波动的股价走势图中发现趋势和规律，从而预测今后的价格变动"。

股票走势图是以"过去"的价格变动为基础来"预测"今后价格的，它并不是绝对的。最多也不过是类似于"精度不足的测量仪器"。

虽然精度不足，但是如果经过多个测量仪器测量的结果都显示

"买入"信号，则买入获利的可能性就高；相反，如果多数测量仪器的测量结果都显示"卖出"信号，卖出获利的可能性就高。

　　毕竟这只是一种可能性，就算所有的测量仪器都显示为"买入"或"卖出"信号，实际上也会出现事与愿违的情况。所以要明白，以图表为基础的技术分析也不是那么绝对的。

　　重要的是，要掌握最低限度需要的基础知识，并在不断实践的过程中提升自己的精度。

掌握最低限度需要的知识就可以了！如何理解和运用移动平均线

　　第一个要点就是"移动平均线"。它是分析股价趋势以及行情方向时的线索。常在寻找卖出时机时结合后面内容中介绍的"K线图"一起使用。

● 移动平均线是什么？

　　所谓的移动平均线指的是"把过去股价的平均值连在一起的线"。

　　移动平均线就是从不同时间轴上的平均值来观察股价的变化的。接下来，我们大致了解一下移动平均线吧。

● 用月移动平均线表示时

◎ 5个月移动平均线→过去5个月的平均值（短期）

◎ 25个月移动平均线→过去25个月的平均值（中期）

◎ 75个月移动平均线→过去75个月的平均值（长期）

● 用周移动平均线表示时

◎ 5周移动平均线→过去5周的平均值（短期）

◎ 25周移动平均线→过去25周的平均值（中期）

◎ 75周移动平均线→过去75周的平均值（长期）

● 用日移动平均线表示时

◎ 5日移动平均线→过去5日的平均值（短期）

◎ 25日移动平均线→过去25日的平均值（中期）

◎ 75日移动平均线→过去75日的平均值（长期）

● 用5分钟移动平均线表示时

◎ 25分钟移动平均线→过去25分钟的平均值（短期）

◎ 125分钟移动平均线→过去125分钟的平均值（中期）

◎ 375分钟移动平均线→过去375分钟的平均值（长期）

有些证券公司会将月K线的长期移动平均线的初始值设定为"过去60天"，但与上述的"过去75天"都在误差范围内，所以不用太在意差异。**无论在哪个时间轴上，通过"短期""中期""长期"三条线把握股价趋势是最简单易懂的方法。**

3条主线发出的信号不容错过！
上涨趋势篇

● [绿色信号]上涨趋势→3条移动平均线都呈上涨的趋势

正处于上涨的趋势！（可以买入的典型例子）

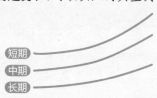

● [黄色信号]上涨趋势停滞→2条移动平均线相互交叉

上涨的趋势或已开始停滞？

（如果从这种状态下3条线都上扬回到了[绿色信号]，那么上涨趋势还在继续，可还是会有趋势被打破的可能性）

● [红色信号]上涨趋势结束→3条移动平均线相互交叉

上涨趋势已结束的可能性高……（极少数的情况也会反转）

3条主线发出的信号不容错过！
下跌趋势篇

● [红色信号]下跌趋势→3条移动平均线全都向下跌

正处于下跌趋势！（不能出手的典型例子）

● [黄色信号]下跌趋势停滞→2条移动平均线相互交叉了

下跌的趋势或已开始停滞？

（如果从这种状态开始3条线都下垂到了[红色信号]，那么下跌的趋势还在持续，极少数的情况会上升）

● [绿色信号]下跌趋势结束→3条移动平均线相互交叉了

下跌趋势结束的可能性高！ ※股票见底的信号

（从这种情况转为上涨趋势，可能需要很长的时间）

实践操作①

基于以上做出的这6种趋势的说明，试着分析一下下面图表的移动平均线吧。

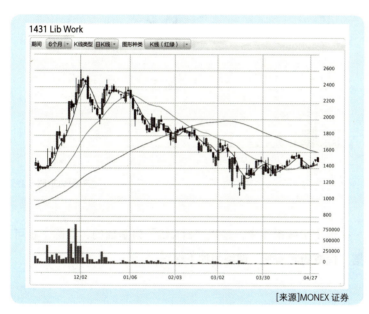

1431 Lib Work

| 期间 | 6个月 | ▾ | K线类型 | 日K线 | ▾ | 图形种类 | K线（红绿） | ▾ |

[来源]MONEX 证券

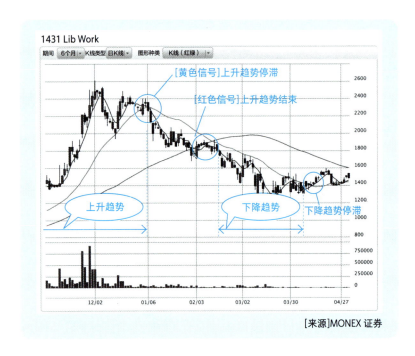

[来源]MONEX 证券

在这个实践操作中，是以"日K线"为基础的，实际上也可以根据"投资的时间轴"调整为如下情况。

● **周K线・月K线**

◎ 以几个月至几年的长远角度考虑时

◎ 想找到几年一次的交易机会时

● **日K线**

◎ 想在1周至几个月内做一次交易时

◎ 想找到几个月至半年一次的交易机会时

● **5分钟K线**

◎ 想在2—3日内做一次交易时

◎ 想在当日内找到最佳交易时机时

　　在集中投资小盘股时，基本上是通过"日K线"来判断股价趋势的。感觉"到了该卖出的时候了，要找一个具体的最佳卖出时机时"，就可以利用"5分钟K线"来把握目前的供需变化，找到交易的时机。

应该看哪个
时间轴的移动平均线呢

　　接下来，我们再具体地看一下"月K线""周K线""日K线""5分钟K线""1分钟K线"等移动平均线的使用方法吧。

● **"月K线""周K线"的理解与运用**

　　◎ 非常适合每年粗略掌握第一次关注的公司（交易品种）的价格走势（因为几乎没有变化，所以无须日常确认）。

　　◎ 也用于了解每隔几年一次的买入时机（因为长期处于上升趋势的股票出现暂时性的暴跌时，可能会触及长期均线后立即反弹）。

　　◎ 很长时间都处于持续下跌趋势的股票，即便在短时间内日K线转为上涨趋势了，也经常是在触碰到周K线或月K线的长期移动平均线之后，又回到下跌趋势。

● **"日K线"的理解与运用**

◎ 基本上都是通过日K线的移动平均线来判断投资时机的（是最实用的时间轴）。

◎ 平时只要确认一下日K线就可以了（即便是发生暴涨、暴跌等异常情况时，也能够及时应对）。

◎ 特别是在观察几天至几个月的股价趋势时非常方便。

◎ 相比5分钟K线或1分钟K线的移动平均线变化较小，所以一天确认一次就好。

● **"1分钟K线""5分钟K线"的理解与运用**

◎ 会根据预见的供求关系而剧烈变动（平时可以不看）。

◎ 便于在详细的时间轴上判断持有股票的卖出时机。

◎ 只用于寻找详细的买卖时机，不作为中长期投资的参考。

◎ 用于寻找涨停股票的卖出时机和跌停股票的买入时机。

◎ 用于掌握当天的股价趋势和日内交易员的动向。

通常以"日K线"为基础，在把握整体情况时使用"月K线"和"周K线"，在价格剧烈波动或寻找买卖时机时使用"1分钟K线"和"5分钟K线"，这是基本的区分。

然而，刚刚上市的股票因为没有过去的股价信息，所以也有不显示移动平均线的情况。

如何理解并运用"蜡烛图"

接下来讲一下"蜡烛图"。

蜡烛图是把一定时间内的股价变动的"4个数据"(开盘价、最高价、最低价、收盘价)用一个棒状的蜡烛线来表示的指标（将一眼就能看出行情趋势的图表称为"蜡烛图"）。

这个蜡烛图是由江户时代中期在世界最古老的期货市场大阪（现大阪）堂岛的大米市场发家致富的本间宗久设计的。这是来自日本的技术指标，如今已广泛地在全世界使用了。

掌握蜡烛图的关键也不是"记住"其形态，而是要"理解"为什么会变成那种形态。

蜡烛图的形态会根据下列股价的波动而产生变化。

粗线也好，细线也好，它的长度（短度）表示着股价的变动。如果理解了这个变化，那么无论出现什么形态的蜡烛图，就都可以理解发生怎样的变化了。

下跌的信号

上影线长

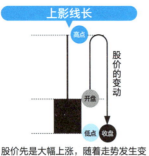

股价先是大幅上涨，随着走势发生变化，股价跌破开盘价后收盘。上影线越长表示下跌势头越大。

实体黑且长

没有影线的阴线又称为大阴线。从开盘价开始一直下跌到收盘，意味着下跌的势头非常强。

上涨的信号

下影线长

股价先是大幅下跌，但是走势发生变化，股价反弹并超出开盘价后收盘。下影线越长上涨势头越大。

实体白且长

没有影线的阳线又称为大阳线。从开盘价开始一直上涨到收盘，意味着上涨的势头非常强。

涨跌不定的信号

上影线和下影线都很短

跌破开盘价收盘的阴线。上下影线越长，投资者会越犹豫，因实体与上下影线都短，体现出了没有方向感的行情。

虽然形成了反弹并超出开盘价收盘的阳线，但上下影线和实体都短，投资者容易犹豫，没有体现出方向感。这种行情称为相持行情。

实践操作②

试着画一下股价在一天内有如下价格变动时的蜡烛图吧。

❶ 持续上涨的形态

❷ 上午上涨、下午下跌的形态

❸ 有上涨也有下跌，最后回到原来价格的形态

❹ 上午没有变化，下午下跌的形态

⑤ 大幅下跌之后又大幅反弹的形态

实践操作②对照答案

❶ 持续上涨的形态

股价　　　　　　　　　　蜡烛图

❷ 上午上涨、下午下跌的形态

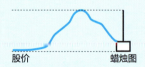

股价　　　　　　　　　　蜡烛图

❸ 有上涨也有下跌，最后回到原来价格的形态

股价　　　　　　　　　　蜡烛图

❹ 上午没有变化，下午下跌的形态

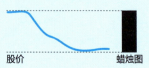

股价　　　　　　　　　　蜡烛图

⑤ 大幅下跌之后又大幅反弹的形态

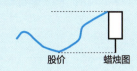

股价　　　　蜡烛图

实践操作③

当出现下列形态的蜡烛图时，股价发生了怎样的变动？请试着画出股价走势图吧。

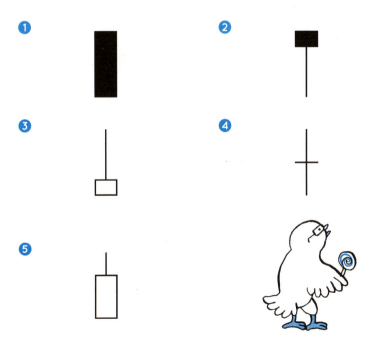

❶

❷

❸

❹

❺

实践操作③对照答案 ※示例

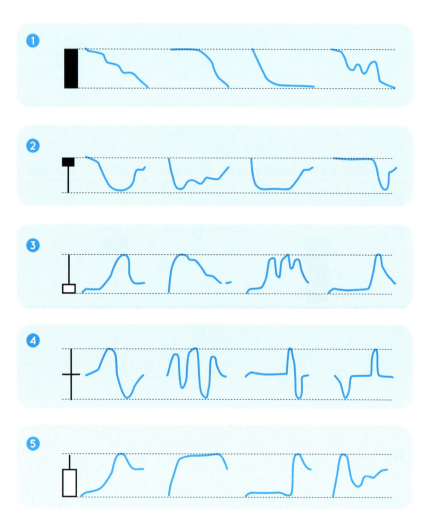

看懂"地上股"和"地下股"

接下来，看一下"移动平均线"与"蜡烛图"结合起来的图表，聊一下更具实践性的内容吧。

在这里，我编制出来的**"地上股"**与**"地下股"**的思考方法就能派上用场了。

● 地上股＝当前的股价在长期移动平均线之上
● 地下股＝当前的股价在长期移动平均线之下
　能够成为投资目标的，基本上只有"地上股"

地上股

―――――――――（ 长期移动平均线 ）―――――――――

地下股

◎ 什么是能成为投资目标的"地上股"？

在表示过去股价推移情况的长期移动平均线之上（地上）的股票，容易引起投资者的关注，股价处于比较容易上涨的环境中。地上股，它比较雄心勃勃，总是在努力超过最近的高值（从现在往回一段期间内最高的价格）。因此，即便因为某些原因潜入地下（在3条移动平均线之下），也会呈现出马上要冲上来的势头。

◎ 什么是不能作为投资目标的"地下股"？

股价在3条移动平均线以下（地下）时，很难吸引到投资者的关注。他们对地下股持很消极的态度，认为它们无法超越过去的高价，对其失去了信心。它们总是在快要超越过去的高价时突然暴跌，无论什么时候都是地下股。即便有什么原因让股价涨到了均线上方（在3条移动平均线之上），也因不适应有光线的环境，往往都会立即潜入地下。偶尔股价涨到地上的时候有投资者投资它，也会因为它马上还会潜入地下，而被马上卖掉。

长期移动平均线就像是分开地上与地下的分界线。在长期移动平均线的上面和下面，是完全不同的世界。对于地上股来讲，这里就是无论如何都不能逾越的最后的防线。对于地下股来讲，长期移动平均线的上面就如同一个绚丽无比的世界。这个长期移动平均线就是这样明确地分开了地上与地下。

在此基础上，地上股还存在3个等级。

地上股的3个阶层

上流阶层

------（短期移动平均线）------

中流阶层

------（中期移动平均线）------

下流阶层

------（长期移动平均线）------

150

● 最好的投资目标"上流阶层"

这是被视为"明星"级别的少数的地上股。上流阶层是"绝对的王牌",它甚至不会跌落到5日移动平均线以下。如果不是经常性地突破过去的最高点,那么是没法获得这个地位的。但是,在这个位置的地上股,有一个上涨过快的习性。因此,当股价和短期移动平均线的乖离过大时就要注意了。因为短期内上涨过快就容易力竭,因而常常突然暴跌,经常会在上流阶层与中流阶层之间循环往复。

● 主要的投资目标"中流阶层"

股价可以持续稳定上涨的地上股。虽然不像上流阶层那样有着绝对的优势,却也是扎实而稳健地提升业绩的类型。有时还会进入上流阶层,而后因势头不足回归原位。它具有一种"与下流阶层绝不同日而语"的派头,以居于中流阶层而自豪。一旦跌落到下流阶层,投资者的关注也很容易消失,之后就很难再回到中流阶层了。正因如此,它会为了避免跌入下流阶层而奋力向上。

● 要注意的投资目标"下流阶层"

这是属于勉强居于地上股的状态。一不小心就有可能沦落为地下股,所以它需要尽快地进入中流阶层的队伍里安定下来。但是,分开中流阶层和下流阶层的中期移动平均线,有着无法轻易逾越的阻力。这里有最近还是地下股的,有在地上和地下来回波动的,也有从中流阶层跌落下来的,是一个各种股票混杂的区域。

另外，地下股也分3个阶层。

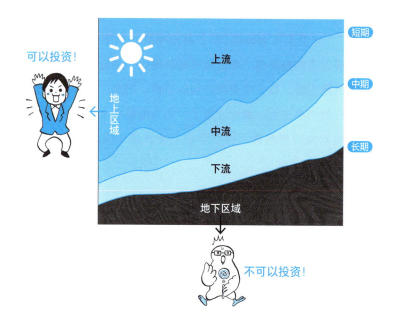

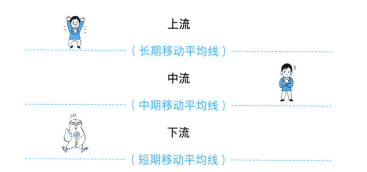

● 还有救的"上流"

这是离地上最近的地下股。跌至地下的股票会分为"马上反弹回到地上的""在地上和地下的分界线来回震荡的""跌落到更低的地方的"这3种情形。如果马上反弹回到地上是没有问题的。但是，一个地上股如果在地下滞留时间久了，就会给投资者留下一个地下股的烙印。

● 没有希望的"中流"

这是彻底陷入下跌趋势的地下股。如果到了这个地步，基本上已经无药可救了，一般的利好是无法改变趋势的。由于这是一种最近投资该股的投资者全员都损失的状态，因此会引发集体抛售，造成持续的下跌。然后成为被市场抛弃的状态，这时几乎不会出现新的投资者。如果进入了中流，那么再要涨到地上就非常困难了。

● 已经跌落到底的"下流"

在地下股中，它也是以最快的速度持续更新着最低股价的。在地下区域，它们也属于那种最难以接近的落魄户的集合，即便都是地下股，它们的恶评也是最多的。但不可思议的是，下跌到这个地步的地下股，反倒能够得到投资者们的关注。因为下跌到了已经不能再跌的地步时，反倒会出现突然被买入的情况，从而转头进入上涨的趋势。这种情况极其罕见，却也有从下流一下子逆转直上到上流的时候，也正是出于对这种情况的期待，才会存在一定数量的寻找落魄户的投资者。

看懂"回调"

处于上涨趋势的股票属于中流以上的地上股。这些股票会比较拼命地保住自己的位置。即便在一时的下跌中，一只脚踏进了下流的区域，也会马上尝试反弹回到中流。

在投资领域里，将这种情况称为"股价在回调之后上涨"。所谓的"回调"指的是股价在上涨趋势中一时性下跌的情况。

当然，也有一路下跌到下流区域的情况。如果发生这种情况的话，投资者们接下来就会意识到地上与地下的分界线（长期移动平均线）了。

为了不跌破这条线，就要无论如何都必须死守它。因此，在股价碰到这条线附近的时候，就是最后的回调时机了。

如果在这里股价还没有反弹，而是跌落到了地下，那么经过一段时间后再次从这里反弹回来，就会变得异常困难了。

如果是涨势中的股票，那么就存在着等待时机"企图平仓获利"的投资者，也存在等待时机"等到再便宜点就买入"的投资者。

就是出于这些想法和期待，股票被人买入又被人卖出，从而造就了每日股价的波动。而且，回调这种现象也正是由"如果再跌一点就买"这种想法的投资者们形成的。

话虽如此，这个回调后再度上涨的情形也存在有效和无效的情况。

通过股价图表看一下过去价格的变动，就会发现股价回调中如

果碰到中流地上股和下流地上股的分界线（中期移动平均线），就是个买入的时机。但是，如果没在此处形成反弹的话，就可能会跌落到地上股和地下股的分界线（长期移动平均线）以下。

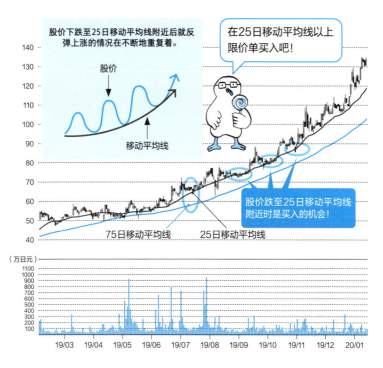

股价下跌至25日移动平均线附近后就反弹上涨的情况在不断地重复着。

股价

移动平均线

在25日移动平均线以上限价单买入吧!

股价跌至25日移动平均线附近时是买入的机会!

75日移动平均线　　25日移动平均线

（万日元）

实践操作④
要看懂"地上股"和"地下股"

接下来，看看下面的K线图，区别地上股（上流、中流、下流）和地下股（上流、中流、下流），试着做一下投资判断吧。

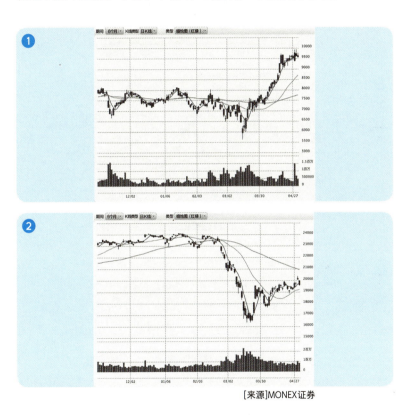

[来源]MONEX证券

157

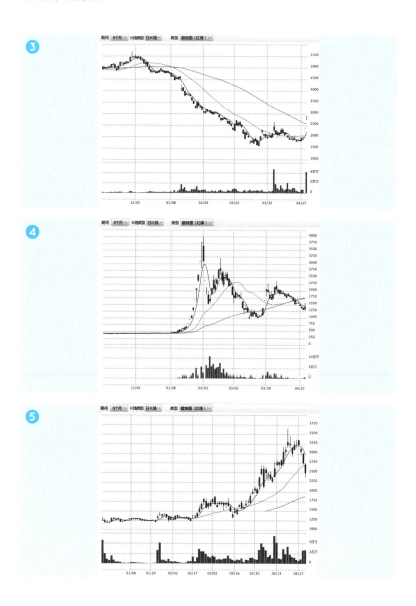

实践操作④ 对照答案

1 地上股

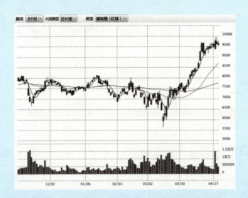

　　截至前段时间，还在地上与地下之间来回震荡的股票，最近终于成为地上股。成为地上股之后虽说股价仍在中流和上流之间来回震荡，可股价还是在稳步上涨。由于已是地上股的新成员，所以股票备受关注。

❷ 地下股

　　不久前还勉强在地上的股票，在3个月前下跌后成为地下股的成员。成为地下股后股价便一落千丈，跌至谷底，成为下流阶层的代表。最近终于见底后反弹，成为中流至上流里的一只。因为还不清楚能否涨至地上，所以这时不能轻易判断将其买人。

❸ 地上股

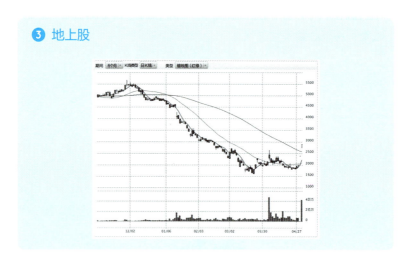

在大约5个月前，成为地下股中的一只，之后股价的持续下跌宛如下流股的"楷模"一般。最近以为终于反弹回到了中流至上流，没想到转瞬之间居然已涨成了地上股。如果能继续这样活跃下去，那就是最好的投资时机。但也不能掉以轻心，因为它有可能只是短暂性地回到地上，也许会马上回到地下。

❹ 地下股

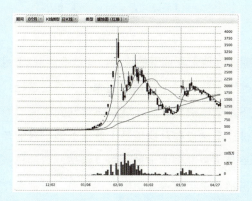

大约在3个月前，还在地上股上流阶层的顶端活跃着，由于在短时间内的超买导致了涨势殆尽，一只脚已然踩入了地下。虽说曾短暂反弹回到了地上，但最终还是再次跌入了地下。能否再次反弹涨到地上，将成为判断能否投资的关键。如果没能回到地上，并以地下股的状态持续一段时间，那么就会习惯这种环境，再想回到地上就会变得难上加难了，所以不能作为投资的目标。

❺ 地上股

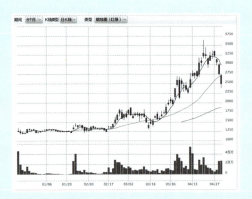

　　半年前还在地上和地下的狭窄区间彷徨，前2个月左右开始却作为中流至上流的地上股活跃起来了。可是最近，却又从中流地上股下跌到下流地上股。能否迅速回到中流成为判断能否投资的关键。虽然没有从这里马上跌落成地下股的预感，但希望能够尽早从下流回到中流的位置。需要注意的是，如果在下流环境中滞留过久，就很难再回到中流了。根据变化，股价有可能在短时间内下跌至地上股和地下股的分界线附近。

要注意"近期高点"和"近期低点"

　　地上股和地下股的思维方式是以3条移动平均线为基础来判定趋势和价格变动方向的，也经常与过去创下的股价纪录进行比较。

　　如果超过了近期高点，股价常会接着上涨。如果没能超过那个高点，投资者就会觉得"啊，这个位置是极限了"，而后股价开始下跌。

反之亦然，如果突破了近期低点，那么就会继续下跌，如果在这个地方反弹的话就可能守住。

这就像是一位还有很大提升空间的运动员，可以不断地更新自己过去的最好成绩，而已经过了最佳时期的运动员则无法更新自己的最好成绩，而且成绩还会不断地下降。

其实所谓的"近期"并没有明确的定义。用日K线表示时"近期低点"是近期最显眼的低谷价格，"近期高点"则是近期最显眼的高峰的价格。

如果股票的股价是上下反复波动的，那么，说明它有多个"近期高点"和"近期低点"。另外，当"近期"的期间是"上市开始到现在"的话，则称为"历史高点"或"历史低点"。

如何理解和运用"近期高点"和"近期低点"

更新了近期高点的股票，此后的再次更新就会备受期待，因此常让人做出"买入"或者让已持仓的人做出"继续持仓"的判断。

但是，如果迟迟不能更新近期高点的话，就会让人产生是否"已经到了极限?"的疑问。再或是，如果不仅未能更新近期高点反而跌破了近期低点的话，就会被判断为"巅峰已过"，从而进入"卖出"阶段。

接下来看几个例子吧。例如，下一页的股价图表<例1>，可以看出近1个月的时间里，股价在不断地更新着高点。

本来❶的8000日元前后是高点、❷的7000日元前后是低点，股价是在这个区间循环涨跌的。但后来在❷的位置，在低于近期低点的价格外被抛售，致使股价跌到了❸的位置。这就好比运动员更新了自己的最低成绩一样。

之后，虽说先是一波反弹，可最终还是跌破了近期低点❸，创下了近期最低点❹。

像这样不断更新最低价格的股票，不去碰它才是最稳妥的做法。但是，从❹的近期最低点开始反弹，股价进入上升的趋势。

关键是股价反弹到了与过去6个月的最高值❶相同水平的❺的位置。如果只反弹到❺的位置，而没能超过近期最高点❶的股价，那么就可以判断接下来股价不是横盘不动就是进入下跌趋势。

〈例1〉

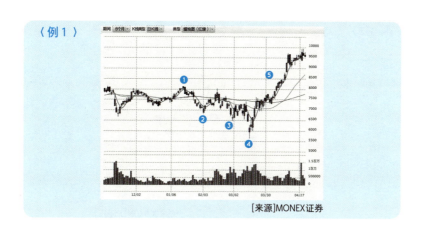

[来源]MONEX证券

这个股价图表中，股价在❺的位置轻松超过了近期最高点❶，并在此后仍然继续上涨。于是就可以判断它更新了自己的最好成绩，已经成为涨势股中的一员。这是一个买入股票的最佳时机。

或许有人认为"如果在❹的最低点买入就能赚到了"，可这只不过是一个结论罢了。在可以确认已成为涨势股的❺的位置进行投资，并在之后的上涨中获利，才是作为资金有限的个人投资者提升效率的做法。

接下来再来一个例子，让我们看看下面一张股价图表<例2>的情况。

股价原本是在快到500日元的位置横盘不动的，却在❶的位置开始暴涨，并在之后仍然以很强的势头持续上涨了一段时间，可在❷创了最高点之后却大幅下跌了。像这样短期内暴涨的股票会在短期内暴跌回落。

在❸的位置止跌，此后转而上涨了，但没能超出近期高点❷，而在❹的位置停止了上涨，并在之后进入下跌趋势。

〈例2〉

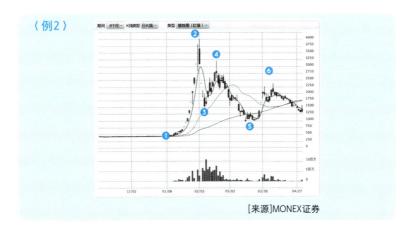

[来源]MONEX证券

因为已经跌破了近期低点❸，本以为会进入下跌趋势的（或许是意识到了长期移动平均线的上涨趋势吧），但在❺的位置却止跌了，而后转为上涨。

但还是没能超越近期高点❹，在达到❻的高点之后开始下跌了。这属于短期内虽然上涨，但方向没有明确，仅仅是由投资者的期待和当时的势头进行买卖股票的一个例子。

关键是近期低点❺和近期高点❻。

如果下跌到❺而后止跌，那么可以认为"这里可能就是暂时的最低点"，但是如果跌破❺之后仍然继续下跌的话，就可以认为已经进入下跌的趋势了。

另外，如果股价多少上涨了一些，但没能超过❻的话，就会视为"这附近应该就是极限"，如果明显超出了❻，接下来就会考验能否超过❹和❷了。

综合这些要素整体思考的话，股价下跌的可能性很低，但是想要在此处上涨超过❷的水准，恐怕门槛还是较高的。

在超过❶不久之后的那段时间，可以作为"买入"的时机来考虑。也就是没有波动的股价一下子开始上涨，就在进入了上涨趋势的那个时候。在到达❷为止的那段急速上涨过程可以作为"卖出"的时机来考虑。

如何理解和运用"成交量"

所谓"成交量"指的是在一定期间，比如1日或1周的时间内，成功交易的"股票数量"。

都说"成交量先行于股价"，它是衡量股票活跃度的晴雨表。也可以通过它做出这样的判断，那就是成交量少的股票不受投资者的关注，成交量多的股票则备受投资者的关注。

假如有下面这样的股价图表，那么因为图中是日K线，所以条形图所指的成交量就是一天内完成交易的股票数量。如果这里是5分钟K线图，则成交量就是5分钟的时间里完成交易的股票数量；如果是周K线图，那么就是一周时间内完成交易的股票数量。

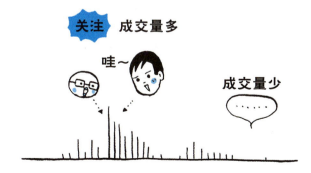

再看看股价图表，在❶处成交量开始突然增加，因此可以判断在这段时间里，有许多投资者开始关注了该股票。

成交量不过是在那个时段完成交易的股票数量而已，如果是一天反复做多次交易的日内交易员加入进来的话，那么成交量就会突然增加。如果同一个日内交易员在一天内买卖100股，反复买卖100次的话，成交量就会累计成1万股。

日内交易员总是在寻找那些波动性（价格变动）大的股票，因为他们企图在涨跌中赚取差额利润。

当看到成交量急剧增加的同时股价发生巨大变动的股票时，除了要想到中长期视角的投资者之外，也不要忘了可能有日内交易员入场了。

成交量突然增加一定是有原因的。找出那些成交量突然增加的同时股价上涨的股票，并调查其背后的原因，之后做出投资判断的方法是非常有效的。

相反，如果是一只成交量很低的无人问津的股票，那么即便这

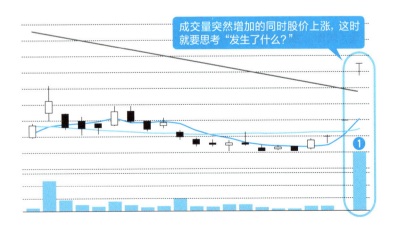

成交量突然增加的同时股价上涨，这时就要思考"发生了什么？"

家公司的业绩很好，也因为它不被任何人关注，而常导致股价难以上涨。有时甚至会以为这是一只成长股并做出投资之后，发生接连几年股价几乎都没有变化的情况。如果发生了这种情况的话，就很可能会因此损失巨大的机会。

所以像这样的股票，不应该对其立即进行投资，而应该暂且放到"随着成交量增加股价开始上涨时投资的清单"里，然后在成交量增加时重新考虑是否投资。

如何理解和运用"买卖盘"

在投资股票时，可以从"买卖盘"中获得许多信息。所谓买卖盘，指的是各个不同价位栏的"买单"与"卖单"的订单数量一览表。

如下一页的图表所示，买卖盘的左侧有投资者"想以什么价格卖出"的卖单数量，右侧有投资者"想以什么价格买入"的买单数量。

股票的买卖有不指定价格的订单"市价单"，和指定价格的订单"限价单"，指定价格的订单（买卖订单的数量）都会在买卖盘中体现。

指定价格下单时，就像"指定以500日元的单价下单，买入数量为1000"或"指定以1000日元的单价下单，卖出2000股"这样进行。

买卖盘中表示的指定价格订单是"想以这个价格买入（卖出）"的投资者们排成的队列。

如果右侧接到了大量的买单，那么就知道"有很多想买入这只股票的人在排队"；如果左侧接到了大量的卖单，那么就知道"有

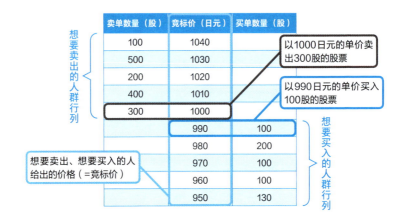

很多想卖出这只股票的人在排队"。

在买卖股票之前，要通过买卖盘的信息确认供需的平衡情况。

比如，假设在上图的买卖盘中，接到了以单价为960日元买入300股的限价单。那么现有的"960日元的100股买单"处，就会新增300股的限价买单，买卖盘的信息就会变更为"竞标价960日元""买单数量400股"。

如果以同样的价格下单，那么就会按照提交订单的先后顺序成交（完成交易）。限价单是需要排队进行交易的，可是对于"不管价钱是多少，现在想马上买入（卖出）"的市价单，就可以无须排队直接完成交易。

看一下图中买卖盘，若在此时接到了100股的市价买单，那么竞标价1000日元处的卖单300股中就会立即有100股完成交易。

若在这时接到了500股的市价买单，那么竞标价1000日元处的300股卖单就会被全部买入，然后转到竞标价1010日元处，与这里的400股卖单继续完成剩下的那200股未完成的交易，也就是说总共有"1000日元的300股，1010日元的200股，共500股"完成交易量。

如果在图中的买卖盘下单，以1000日元以上的限价单买入的话，就会按照下单金额以下的市价单进行处理。举个例子，"假设以1050日元的限价买入200股"，那么就会迅速在竞标价1000日元处的卖单300股中完成200股的交易。

这个时候，就会以比限价1050日元便宜50日元的价格，即1000日元完成买入的交易了。这个买单成立之后，买卖盘中竞标价1000日元处的信息就会变化，从原来的限价卖单300股中减去已成交的200股后，更新为"竞标价1000日元，卖单数量100股"。

以上的详细说明，可以按照如下所示简单区分使用。

[市价单]

● 哪怕稍贵一点也希望现在马上买入！＝市价买入

● 哪怕稍便宜一点也希望现在马上卖出！＝市价卖出

[限价单]

● 如果比这个价格低就买入＝限价买入

● 如果比这个价格高就卖出＝限价卖出

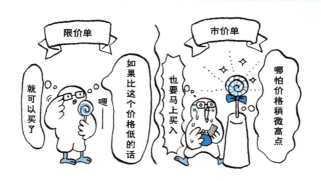

股票价格会随着"市价单"而波动

这里请大家记住一个重要的内容。

那就是股票价格会随着"市价单"而波动。

如果都是"比这个价格便宜的话就买入"和"比这个价格高的话就卖出"这样的限价单的投资者，形成相互僵持的状态，那么股票的交易就没法完成了。

只有接到"不管什么价位，现在就想马上买入（卖出）"这样的市价单时，交易才能得以完成，股价才会开始波动。

但是，**这个市价单却不会显示在买卖盘中。**

不论买卖盘中排列了多少限价卖单，如果有那些不显示在买卖盘中的市价买单大量涌入的话，股价就会上涨。相反，不论买卖盘中排列着多少限价买单，如果有那些不显示在买卖盘中的市价卖单大量涌入的话，股价就会下跌。

"买卖盘量大"和"买卖盘量小"的优势与劣势

在炒股的圈子里有"买卖盘量大"和"买卖盘量小"这样的表达方式。如果买卖盘中有许多限价卖单（买单），就意味着该股票备受投资者们的关注，股票的流通量也很大。这种情况就叫作"买卖盘量大"。

相反，如果限价卖单（买单）的股票数量在每个"竞标价"栏中只有100股或200股的话，就意味着这只股票不怎么受关注或股票的流通量非常少。这种情况就叫作"买卖盘量小"。

大的投资者会通过自己的大量交易使股价上涨或下跌，所以一般为了躲避这种情况的发生，他们会找那些流通量大（买卖盘量大）的股票进行投资。

而资金量少的个人投资者通常喜欢流通量小（买卖盘量小）的股票。买卖盘量小的股票如果有大量的买单，通常就会出现涨停的情况。相反，如果有大量的卖单，通常就会出现跌停的情况。

如上所述，买卖盘量的大小根据不同股票是不一样的。众所周知的大企业的股票流通量在平日时就很大，所以买卖盘的量通常都比较大。

相反，那些不被关注的中小企业的买卖盘的量通常就很小。但即便是中小企业，如果吸引了投资者们的关注，买卖盘的量也有突然变大的情况。

"买卖盘量大"和"买卖盘量小"的判断基准可以参考以下内容。

● 何为"买卖盘量大"？

◎ 在近期成交价的前后价位处，经常有数百万日元以上的限价单

◎ 就算有数百万日元的"市价买单"与"市价卖单"，股价也不会变动的买卖盘

○ 优点 因为股票的流通数量大，即便投资金额比较大也不会对股价带来影响，交易可以马上完成。

✕ 缺点 多数情况已经是大企业了，想要通过集中投资小盘股

实现股价涨至3倍的目标，那么这里适合投资的股票就很少了。

● **何为"买卖盘量小"？**

◎ 买卖盘中最新成交价的前后只有未满一百万日元的限价单

◎ 有100万日元左右的"市价买单"与"市价卖单"，股价就会发生大变动的买卖盘。

○ 优点 因为流通股票量少，股价容易变动，以股价涨至3倍以上为目标的小盘股集中投资是比较适合的。

✕ 缺点 随着投资金额的增加，股价会因自己的交易而上下波动，所以很难进行轻快交易（暴跌时也很难逃脱）。

买卖盘量大

卖单数量	竞标价格	买单数量
116,000	OVER	
1,500	4,555	
3,800	4,550	
14,700	4,545	
6,000	4,540	
7,500	4,535	
12,900	4,530	
5,700	4,525	
8,300	4,520	
7,700	4,515	
4,000	4,510	
	4,505	900
	4,500	8,100
	4,495	5,400
	4,490	6,200
	4,485	5,000
	4,480	9,500
	4,475	11,200
	4,470	4,700
	4,465	9,600
	4,460	4,200
	UNDER	78,600
价格下跌	价格变动	价格上涨

买卖盘量小

卖单数量	竞标价格	买单数量
6,000	OVER	
400	1,535	
100	1,533	
200	1,530	
100	1,527	
200	1,526	
200	1,525	
100	1,524	
300	1,522	
300	1,519	
300	1,518	
	1,509	100
	1,498	300
	1,497	100
	1,493	200
	1,490	200
	1,488	100
	1,486	100
	1,480	100
	1,480	400
	1,475	100
	UNDER	9,600
价格下跌 31次	价格变动 54次	价格上涨 23次

"买方"占优势? "卖方"占优势

看买卖盘的信息时有一个重要的视角，就是要明白"想要买入的投资者多"还是"想要卖出的投资者多"。

由于买卖盘整理的是关于投资者们"如果是这个价位的话想买入（想卖出）"的限价单信息，所以通过买卖盘中排列的信息就能对供需的平衡有一定的了解。

当买卖盘左侧的想要卖出的订单数量多时，可以推测"这只股票快下跌了"；当买卖盘右侧的想要买入的订单数量多时，可以推测"这只股票可能还会上涨"。

接下来，试着比较一下下面买卖盘的信息吧。这些是同一只股票的买卖盘，根据当时的状况买卖盘的信息会有巨大的差异。

左侧的买卖盘是想要卖出的人居多的状态。乍看上去，似乎比较均衡，但是，要注意看一下"OVER"和"UNDER"的数字。

● "OVER"＝从无法完全显示的高价卖单到涨停价为止的限价卖单的总数量
● "UNDER"＝从无法完全显示的更低的价格到跌停价为止的限价买单的总数量

① 想要卖出的人多的状态

3668 东证 COLOPL		
	价格动向	
2,537,400	OVER	
8,700	1,550	
1,200	1,549	
1,700	1,548	
900	1,547	
1,500	1,546	
4,300	1,545	
1,000	1,544	
800	1,543	
100	1,542	
1,200	1,541	
	1,540	400
	1,538	900
	1,537	1,200
	1,536	200
	1,535	600
	1,534	1,700
	1,533	1,000
	1,532	1,800
	1,531	1,400
	1,530	18,700
	UNDER	699,400

② 比较均衡的状态

3668 东证 COLOPL		
	价格动向	
2,470,000	OVER	
200	1,593	
300	1,592	
5,300	1,591	
12,200	1,590	
400	1,589	
100	1,588	
100	1,585	
100	1,584	
200	1,583	
100	1,582	
	1,570	1,000
	1,569	200
	1,568	900
	1,567	300
	1,566	900
	1,565	1,300
	1,564	700
	1,563	1,100
	1,562	1,800
	1,561	5,300
	UNDER	2,140,800

③ 想要买入的人多的状态

3668 东证 COLOPL		
	价格动向	
889,800	OVER	
700	1,567	
5,300	1,565	
2,700	1,564	
400	1,563	
400	1,562	
100	1,561	
700	1,560	
100	1,559	
100	1,557	
10,900	1,555	
	1,549	600
	1,548	15,100
	1,547	32,600
	1,546	2,700
	1,545	39,900
	1,544	76,000
	1,543	48,400
	1,542	1,800
	1,541	54,300
	1,540	19,200
	UNDER	535,100

在①的买卖盘的OVER中，有250万股以上的卖单，而UNDER中仅有约70万股的买单。这就意味着"价格上涨一点就想卖出"的人是"价格下跌一点就想买入的人"的3.5倍。

在②的买卖盘的OVER中，有约250万股的卖单，而UNDER中有超过210万股的买单，这基本上维持了平衡。在1590日元价格的地方有"12200"股的限价卖单，这虽然很令人担心，但从供需平衡的角度来看，相比左侧的买卖盘是更接近平衡状态的。

在③的买卖盘的OVER中，有约90万股的卖单，而UNDER中有约50万股的买单，乍一看卖方似乎略占优势，可是再看刚刚成交的买卖盘价格1570日元附近的信息，就能明显发现相比卖单的数量买单的数量更多。这样看来，就可以看出"想买的人比想卖的人多"。

限价买入时，买入欲望越强烈，就越会以接近"刚刚成交"的价位下单。

另外，"如果不再降点就不买"的投资者变多时，就会以比近期成交价低很多的价位下单，因此，限价买单的信息就会集中到买卖盘的UNDER里。

这一点在卖出时也是同样的，要卖掉的想法越强烈，下单时的价格就越会接近刚刚成交的价格，因此"如果价格再高点就卖出"的订单信息就会集中在OVER里。

像这样，通过买卖盘中排列的"卖单数量"与"买单数量"的整体平衡、在刚刚成交的价格附近的限价单数量，就可以了解到"想买入的人居多"还是"想卖出的人居多"了。

但是，买卖盘中只显示限价单。像那些"想马上买入的""想马上卖出的"，再比如那些成交意愿超强的市价单，是不显示在买卖盘上的。

不管显示的有多少限价卖单，只要有超过它数量的市价买单进来，股价就会上涨；不管显示有多少限价买单，只要有超过它数量的市价卖单进来，股价就会下跌。

无论是技术分析还是基本面分析，可以说没有任何一个指标称得上是万能的。买卖盘的信息也不过是众多参考指标中的一个，在使用的时候要以"有可能被大量的市价单颠覆"为前提来看。

"涨停"与"跌停"

在日本的股票市场，为了防止股价的胡乱涨跌，设置了"涨跌幅限制"（一天之内股价上下震荡的幅度）。这是为了防止投资者因为恐慌而同时抛售或持仓导致股价过于离谱的一个制度。

涨跌幅限制是按照不同股价细分之后设定的（比如股价500日元以上、未满700日元时的价格限制为100日元）。一天内股票的涨跌幅度就限定在这个范围之内，如果涨到了价格上限就会"涨停"，如果下跌到了价格下限就会"跌停"。

● **会涨停的例子**
◎ 年度财务报告内容好
◎ 发布新商品
◎ 公布商业合作关系
◎ 在影响业绩的诉讼中胜诉

◎ 公布TOB（要约收购）

◎ 在IPO（首次公开募股）之后接到大量的买单

● 会跌停的例子

× 公布业绩恶化的信息

× 大股东大量抛售股票

× 总经理被捕

× 在影响业务绩效的诉讼中败诉

× 商品被召回

× 急剧买入导致股价上升到了较高的水平

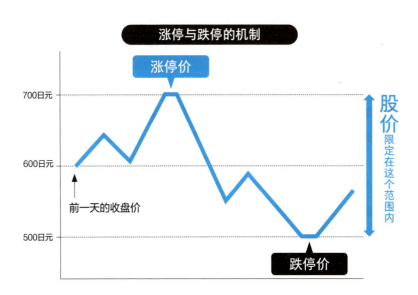

涨停与跌停的机制

涨停价

700日元

600日元

前一天的收盘价

500日元

跌停价

股价 限定在这个范围内

日本国内股票市场的价格浮动限制表

基准价格 （前日的收盘价）			价格的上下幅度限制
	~	100日元未满	30日元
100日元以上	~	200日元未满	50日元
200日元以上	~	500日元未满	80日元
500日元以上	~	700日元未满	100日元
700日元以上	~	1,000日元未满	150日元
1,000日元以上	~	1,500日元未满	300日元
1,500日元以上	~	2,000日元未满	400日元
2,000日元以上	~	3,000日元未满	500日元
3,000日元以上	~	5,000日元未满	700日元
5,000日元以上	~	7,000日元未满	1,000日元
7,000日元以上	~	10,000日元未满	1,500日元
10,000日元以上	~	15,000日元未满	3,000日元
15,000日元以上	~	20,000日元未满	4,000日元
20,000日元以上	~	30,000日元未满	5,000日元
30,000日元以上	~	50,000日元未满	7,000日元
50,000日元以上	~	70,000日元未满	10,000日元
70,000日元以上	~	100,000日元未满	15,000日元
100,000日元以上	~	150,000日元未满	30,000日元
150,000日元以上	~	200,000日元未满	40,000日元
200,000日元以上	~	300,000日元未满	50,000日元
300,000日元以上	~	500,000日元未满	70,000日元
500,000日元以上	~	700,000日元未满	100,000日元
700,000日元以上	~	1,000,000日元未满	150,000日元

当大量限价买单蜂拥而至导致股价涨停时，买卖盘就会变成下一页图表所示的状态。

在涨停的买卖盘图中显示的"卖单数量"为"20000"股，意味着有20000股的市价买单，可是卖单数量却是"0"，交易就在20000股的市价买单挂在买卖盘上的状态下结束了。

这就是所谓涨停的状态。想要买入股票的人已经把股价推到了一天内涨、跌幅的上限，同时又没有想出售股票的人，所以无法完成交易。

涨停的买卖盘

卖单数量	竞卖价	买单数量
	成行	20,000
	OVER	
	一	
	一	
	一	
0	150	
	150	S 45,000
	149	12,000
	148	8,000
	147	2,000
	146	3,000
	145	7,000
	144	4,000
	143	1,000
	142	2,000
	UNDER	56,000

涨停标识

跌停的买卖盘

卖单数量	竞卖价	买单数量
5,000	成行	
45,000	OVER	
5,000	55	
4,000	54	
4,000	53	
3,000	52	
5,000	51	
5,000 S	50	
	50	0
	一	
	一	
	一	
	一	
	一	
	UNDER	56,000

跌停标识

相反，跌停的买卖盘就会变成如图所示的状态。

这是无新人买入，买单为"0"的状态。虽然市价卖单蜂拥而入却没有成交价格，买卖盘的左上部分显示的5000股的市价卖单就在那里挂着。

如果连续3天都是这种无股票交易的（没有完成交易的状态）"跌停"或"涨停"的状态，那么股票涨跌幅的范围就会扩大至原来的2倍。

只不过，跌停的时候只扩大下限，涨停的时候只扩大上限。

这种涨跌幅限制的规则是日本市场独有的，中国的上海和深圳市场的涨跌幅设定在前一天的±10%，而美国市场则没有涨跌幅限制。

要注意"盘口挂单"

实际上并没有购买股票的意向，但为了抬高股价而大量下单，这种行为被称为"盘口挂单"。

比如在下面这个买卖盘的496日元栏里显示的"20300"股买单，就非常显眼。很多投资者看到这大量的限价买单时，认为"有大量买单进来了"就开始关注。

利用这种投资者的心理，在没有真实购买意愿的情况下，故意把大量的市价买单挂在买卖盘上，等交易眼看就要达成时突然取消订单，这就是"盘口挂单"。

卖单数量	竞标价	买单数量
600	504	
800	503	
500	502	
900	501	
1,000	500	
	499	600
	498	900
	497	700
	496	20,300
	495	1,000

辨别是否为盘口挂单，可以从是否有成交量进行判断。在先前的买卖盘中价格跌破了496日元，这是因为完成了496日元的买单交易导致的股价下跌，还是由于"20300"股的买入订单被取消而导致的股价下跌，是可以从成交量里看出来的。

将股价走势图切换到1分钟K线或5分钟K线，如果确认股价是伴随着"20300"股的成交量而下跌的，那么就证明股价是完成交易后下跌的。

可如果股价虽然跌破了496日元，而成交量却只有大约2000股左右，那么就证明"20300"股的买单被取消了。

如果股价是随着成交量而下跌的，可以判断交易确实成立了

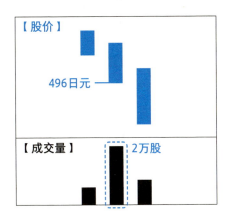

如果股价并非随着成交量而下跌的，可以判断买单被撤销了

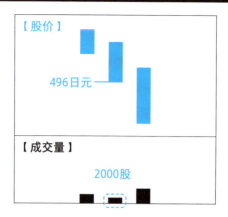

实践操作⑤
要读懂买卖盘的信息

请思考一下，从下面买卖盘的信息中能够获取到哪些信息。

（假设没有其他的交易订单，以此为前提进行思考）

Q1 在[买卖盘1]中，假设你以市价单"买入"了2000股，股价会变为多少？

Q2 在[买卖盘1]中，假设你以市价单"卖出"了1万股，股价会变为多少？

Q3 在[买卖盘1]中，假设你以限价1567日元"买入"了1000股，可成交的（完成交易的）只有半数的500股，你会想到哪些情况？

Q4 要判断[买卖盘1]的竞标价"1590"日元处的"12200"股卖

单，与竞标价"1591"日元处的"5300"股卖单是否为"盘口挂单"，你能想到哪些方法？

Q5 高难度篇。从[买卖盘2]、[买卖盘3]、[买卖盘4]、[买卖盘5]中可以获取怎样的信息？请把想到的简单地总结出来。

[买卖盘1]

卖盘数量	竞标价	买盘数量
	价格动向	
2,470,000	OVER	
200	1,593	
300	1,592	
5,300	1,591	
12,200	1,590	
400	1,589	
100	1,588	
100	1,585	
100	1,584	
200	1,583	
100	1,582	
	1,570	1,000
	1,569	200
	1,568	900
	1,567	300
	1,566	900
	1,565	1,300
	1,564	700
	1,563	1,100
	1,562	1,800
	1,561	5,300
	UNDER	2,140,800

[买卖盘2]

卖盘数量	竞标价	买盘数量
500	价格动向	2,900
—	OVER	
	—	
	—	
	—	
100	1,051	
1,000	1,050	
100	1,040	
100	1,030	
100	1,029	
1,000	1,020	
前3,600	1,000	
	999	前2,900
	914	200
	906	100
	904	100
	903	300
	902	100
	901	100
	895	200
	892	200
	890	300
	UNDER	3,400

[买卖盘3]

卖盘数量	竞标价	买盘数量
—	价格动向	—
400,000	OVER	
1,000	105	
1,000	104	
1,000	103	
1,000	102	
1,000	101	
1,000	100	1,000
	99	1,000
	98	10,000
	97	135,000
	96	1,000
	UNDER	1,000,000

[买卖盘4]

卖盘数量	竞标价	买盘数量
45,000	价格动向	1,250,000
—	OVER	
	—	
	—	
	—	
	—	
80,000	1,250	1,000
	1,250	1,500,000
	1,248	20,000
	1,247	20,000
	1,246	30,000
	1,245	25,000
	1,242	30,000
	UNDER	120,000

[买卖盘5]

卖盘数量	竞标价	买盘数量
5,000	成行	
45,000	OVER	
5,000	55	
4,000	54	
4,000	53	
3,000	52	
5,000	51	
5,000 S	50	
	50	0
	—	
	—	
	—	
	—	
	—	
	UNDER	

跌停标识

实践操作⑤ 对照答案

Q1 答案："1568日元"

	价格动向		
2,470,700	OVER		
200	1,593		
300	1,592		
5,300	1,591		
12,200	1,590		
400	1,589		
100	1,588		
100	1,585		
100	1,584		
200	1,583		
100	1,582		
	1,570	1,000	←完成交易
	1,569	200	←完成交易
	1,568	900	←成交800股
	1,567	300	
	1,566	900	
	1,565	1,300	
	1,564	700	
	1,563	1,100	
	1,562	1,800	
	1,561	5,300	
	UNDER	2,140,800	

如果在这个买卖盘下单，按照市价单卖出2000股，就会从上往下按如下所示的顺序完成交易。

1570日元1000股
1569日元200股
1568日元800股

首先，价格动向为1570日元处的1000股将全部成交（完成交易），剩下没有完成交易的1000股卖单，就转到下一格的价位栏中，以1569日元的价格完成200股的交易，还剩800股的卖单就继续转到下一格的价位栏中，然后与1568日元价格栏中的900股交易，最终完成800股的交易。这时，最新成交价格因为是以1568日元完成的，所以股价就变成了1568日元。

Q2 答案："1590日元"

	价格动向	
2,470,000	OVER	
200	1,593	
300	1,592	
5,300	1,591	
12,200	1,590	
400	1,589	
100	1,588	
100	1,585	
100	1,584	
200	1,583	
100	1,582	
	1,570	1,000
	1,569	200
	1,568	900
	1,567	300
	1,566	900
	1,565	1,300
	1,564	700
	1,563	1,100
	1,562	1,800
	1,561	5,300
	UNDER	2,140,800

有9000股完成交易→（1590）

全部完成交易→（1589、1588、1585、1584、1583、1582）

　　如果在这个买卖盘下单，以市价单买入1万股的话，那么排在1582—1589日元价格区间的合计1000股的限价单，就将全部完成交易。剩下的9000股的买单，就将与1590日元的价格栏处的12200股中的9000股完成交易。这时因为最新完成的交易价格是1590日元，所以股价变成了1590日元。

Q3

　　如果在这个买卖盘加上新的订单，以"1567日元的限定价格买入1000股"时，买卖盘的信息就会修改为下图所示。

	价格动向	
2,470,000	OVER	
200	1,593	
300	1,592	
5,300	1,591	
12,200	1,590	
400	1,589	
100	1,588	
100	1,585	
100	1,584	
200	1,583	
100	1,582	
	1,570	1,000
	1,569	200
	1,568	900
	1,567	1,300
	1,566	900
	1,565	1,300
	1,564	700
	1,563	1,100
	1,562	1,800
	1,561	5,300
	UNDER	2,140,800

1570日元1,000股
1569日元200股
1568日元900股
1567 日 元 1,300 股
（←再次追加1000股的买单）

　　想要以1567日元的限价买单完成交易，就需要有市价卖单将股价向下拉至1567日元。虽然这个时间点的买卖盘信息显示，在1567日元处有1300股的限价买单，但是因为有300股的限价买单是更早的订单，所以按同样的价格交易时这300股的订单将被优先执行。因此，想要让1000股单价1567日元的买单中，只完成其中的500股的交易，就需要下列数量的市价卖单来与限价买单完成交易。

1570日元1000股
1569日元200股
1568日元900股
1567日元 800股

合计2900股的市价卖单

　　只要1567日元的限价买单能够完成800股的交易，那么就相当于之前的300股买单会与新的1000股订单中的500股完成交易。因此，需要满足的条件如下所示。

　　1000股+200股+900股+800股="2900股的市价卖单"

　　此外，还能想到的答案是，在之前已有的如下限价买单全部取消之后，接到了500股的市价买单的情况。

1570日元1000股
1569日元200股　　　**在全部取消之后接到了**
1568日元900股　　　**500股的市价单**
1567日元300股

Q4

	价格动向	
2,470,000	OVER	
200	1,593	
300	1,592	
5,300	1,591	
12,200	1,590	
400	1,589	
100	1,588	
100	1,585	
100	1,584	
200	1,583	
100	1,582	
	1,570	1,000
	1,569	200
	1,568	900
	1,567	300
	1,566	900
	1,565	1,300
	1,564	700
	1,563	1,100
	1,562	1,800
	1,561	5,300
	UNDER	2,140,800

在超过这一点时，有没有超过1万股的成交量是关键

　　如果股价在超过1590日元时，有1万股以上的成交量，那么就是实际完成了交易，所以就可以判断这些"不是盘口挂单"。若股价在超过1590日元时，成交量相比限价单有明显的减少，就可以判断"订单被取消了（盘口挂单）的可能性很高"。但是，也有在熟人之间完成交易，有意制造出成交量的手法。这种情况，想要完全识别是"自然的成交量"还是"被制造出的成交量"就很困难了。

Q5

卖盘数量	竞标价	买盘数量
500	价格动向	2,900
—	OVER	
		—
		—
		—
100	1,051	
1,000	1,050	
100	1,040	
100	1,030	
100	1,029	
1,000	1,020	
前3,600	1,000	
	999	前2,900
	914	200
	906	100
	904	100
	903	300
	902	100
	901	100
	895	200
	892	200
	890	300
	UNDER	3,400

没有显示!

[买卖盘2]

◎ 因为买卖盘中没有显示1051日元以上的部分，可以知道1051就是价格限制的最高点，即这个价位就是涨停价。可以看出这是"股价已暴涨到了接近涨停位置的一只股票"。

◎ 观察买卖盘上的各个价位（竞标价）后发现只有100—300股这么少量的订单，可以知道这个买卖盘的量很小。

◎ 像这种量小的买卖盘状态，只要接到一个较大的市价单，股价就会发生大的波动。

卖盘数量	竞标价	买盘数量
—	价格动向	—
400,000	OVER	
1,000	105	
1,000	104	
1,000	103	
1,000	102	
1,000	101	
1,000	100	1,000
	99	1,000
	98	10,000
	97	135,000
	96	1,000
	UNDER	1,000,000

与周围栏相比明显是大量的订单

[买卖盘3]

◎ 可以看出，仅在竞标价97日元的栏里，有与周围栏明显不同数量的大量限价买单。

◎ 这是可以让人感觉到"绝不允许跌破97日元"这种投资者意愿的订单。

◎ 看到这样的买卖盘，至少会让诸多投资者感觉到"不好抛售"。

◎ 虽然这个97日元处的135000股限价买单有可能是"盘口挂单"，可限价买单数量明显特别多，还是会让人意识到上涨的可能性的。

◎ 但如果这是"盘口挂单"，那么就有可能借着订单突然被取消使股价暴跌，因此要注意。

卖盘数量	竞标价	买盘数量	
45,000	价格动向	1,250,000	← 大量的市价买单
—	OVER		
		—	
		—	
		—	
		—	
		—	
80,000	1,250	1,000	
	1,250	1,500,000	
	1,248	20,000	
	1,247	20,000	
	1,246	30,000	
	1,245	25,000	
	1,242	30,000	
	UNDER	120,000	

没有显示！

[买卖盘4]

◎ 由于没有显示1250日元以上的价格，可得知这是"涨停价格"。

◎ 对于45000股的市价卖单，市价买单是125万股，明显多出一大截。

◎ 要想在这个状态下使"涨停"状态崩盘的话，就需要有新的120万股的卖单补充相差的部分才行。

◎ 如果在此处供需平衡被打破了，那么可想而知的就是很有可能这一天的交易从涨停开始，一直都无法完成。

卖盘数量	竞标价	买盘数量
5,000	价格动向	
45,000	OVER	
5,000	55	
4,000	54	
4,000	53	
3,000	52	
5,000	51	
5,000 S	50	
	50	0
	—	
	—	
	—	没有显示!
	—	
	—	
	—	
	UNDER	

跌停标识

[买卖盘5]

◎ 由于买卖盘没有显示出50日元以下的部分，可得知"50日元是跌停价"。

◎ 相对于市价买单数量为0股，市价卖单的数量为5000股，可得知如果有像1万股这样数量的市价买单进入市场，就能使跌停消失。

找出这样的形态！
这是最佳"购买时机"

到此为止，将至少需要掌握的技术分析的浓缩内容给大家介绍完了。

股价的变动与公司的业绩以及股价暴涨的起因等各种因素相互关联。因此，仅凭股价图表无法做出完美的判断，但作为参考是可以的。

实际上，过去增长至2倍、3倍，有时甚至达到10倍股的股票，

都曾经出现过这种形态的股价图表。

这个股价图表的特点就是，之前的股价一直在地上股与地下股的分界线来回震荡，且成交量也很少的股票，突然成交量暴增了。股价也随之上涨，并成功成为地上股。

出现这种形态的股价走势图时，其背后多数情况都伴随着年度财务报告的公布、IR（投资者关系管理）、新商品的发布等拉高股价的理由。

如果经过调查之后仍然无法了解股价上涨的理由，那么保险起见最好还是不要碰它。

还有故意制造出这种形态的股价走势，企图抬高股价的"操纵股"。但是不是操纵股，仅凭股价图表是无法做出判断的。如果不调查股价上涨的原因，不通过"有没有股价上涨的真实理由"是判断不出来的。如果股价上涨的背后有公司业绩增长的支撑，那自然是没有问题的。而如果上涨仅是因为发布了新商品或者发布了业务合作等的IR信息，那么就要注意了，因为这最多不过是实际业绩出来之前阶段的"期待值"而已。

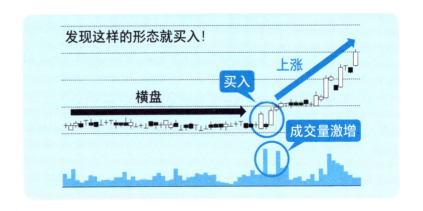

发现这样的形态就买入！

横盘　买入　上涨　成交量激增

股价大幅上涨的股票的股价走势图

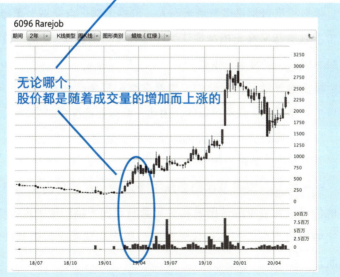

无论哪个，
股价都是随着成交量的增加而上涨的

看股价图表
判断"卖出的时机"

股市投资的基本就是"选择""买入""卖出"——通过这些操作才可能获得利益。如同股票的选择以及买入的时机一样，判断卖出的时机同样是非常重要的。

从结论讲起的话，看股价图表判断"卖"与"不卖"分为以下两种。

- **不卖=上涨趋势还在持续**
- **卖=上涨趋势已经结束**

上涨趋势仍在持续时就继续持仓，上涨趋势停滞时就考虑平仓，判断上涨趋势结束时就卖出——这是基本操作。

很多投资者都是乘着涨势而入，价格上涨一点就马上卖掉，而股价下跌时却又毫无根据地认为"早晚还会涨回来"，便不管账面已经亏损，一直套牢在手里。

投资是伴随亏损风险的，想要在弥补损失后还有余下的利润，不讲求利益最大化是不可以的。因此，就需要把握住趋势。

想要把握趋势，之前介绍的至少需要掌握的技术分析（股价图表以及买卖盘）就派上用场了。

一天中反复交易多次想要从中赚差额利润的日内交易员，虽然他们可以凭借着股价图表和买卖盘制定出严格的规则进行交易，可集中投资小盘股却不能仅凭着股价图表和买卖盘就做买或卖的判断。

股价图表也只能作为"辅助工具"来使用。

因为集中投资小盘股的根本是针对"那家公司未来的成长"进行投资的。

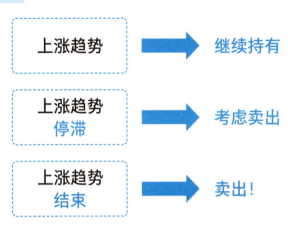

股价图表以及买卖盘只不过是掌握眼前供需情况的工具而已。如果是成长空间仍然很大的股票,那么,即便上涨趋势多少有些崩塌,选择"不卖"是正确的,而对于成长空间已所剩无几的股票,上涨趋势只要停滞一点,就选择"卖出"才是正确的。

接下来,看一看下面的股价图表中的"上涨趋势崩溃的时机"吧。

→ **上涨趋势崩溃的信号**

● Ⅰ 股价跌至中期移动平均线以下经过几天仍没有反弹

● Ⅱ 股价跌至长期移动平均线以下了

● Ⅲ 经历暴涨到暴跌之后,股价不上涨了

● Ⅳ 短期移动平均线和中期移动平均线相互纠缠,很久都没分开

比如下面的股价图表在❶处股价下跌到了中期移动平均线以下（虽然曾一度反弹，但随后马上又下跌了）。而且，这个时候短期移动平均线与中期移动平均线开始纠缠在一起了。这说明1和4的卖出信号出现了。

在❶的位置上涨的情况也是经常出现的，所以没法明确判断上涨趋势是否崩溃了（如果是处于超过了目标的总市值的状态，那么在这点卖出也是OK的）。

在❷的位置已经跌至长期移动平均线以下了。并且同时出现了1、2、4的卖出信号，所以可以做"卖出"的判断。虽说也有从❷的点开始转而上涨的情况，但可能性较低。

如果认为在❷的点有继续上涨的空间，那么等几天看一看情况也是可以的。过几天后反弹上涨了，那么就如自己所想；相反，下跌的趋势不停的话，可以判断为Ⅲ，果断卖出吧。

实践操作⑥
参考图表做出投资决策

　　请看下面的图表和买卖盘，试着填写后面的表格，做一下投资判断吧。

◎ 移动平均线（周K线 期间2年）

◎ 移动平均线（日K线 期间6个月）

◎ 移动平均线（5分钟K线 期间2天）

◎ 买卖盘

卖盘数量	竞标价	买盘数量
132,300	OVER	
100	1,753	
5,200	1,752	
200	1,751	
1,800	1,750	
100	1,749	
100	1,748	
100	1,746	
6,000	1,745	
200	1,743	
200	1,740	
	1,734	1,500
	1,733	1,500
	1,731	100
	1,730	200
	1,729	3,000
	1,728	100
	1,726	100
	1,725	800
	1,724	1,600
	1,723	2,200
	UNDER	90,600
价格下跌 1018次	价格变动 1849次	价格上涨 831次

确认项目		确认内容	投资判断
移动平均线	移动平均线（周K线）的趋势	上涨趋势（持续·停滞·结束） 趋势不明 下降趋势（持续·停滞·结束）	买入·中立·卖出
	移动平均线（日K线）的趋势	上涨趋势（持续·停滞·结束） 趋势不明 下降趋势（持续·停滞·结束）	买入·中立·卖出
	移动平均线（5分钟K线）的趋势	上涨趋势（持续·停滞·结束） 趋势不明 下降趋势（持续·停滞·结束）	买入·中立·卖出
	地上股或地下股（日K线图）	地上股（上流·中流·下流） 地下股（上流·中流·下流）	买入·中立·卖出
成交量	成交量（日K线图）	激增·微增·正常·微减·暴跌	买入·中立·卖出
买卖盘	买卖盘的量	大·一般·小	买入·中立·卖出
	有没有盘口挂单的迹象	有盘口挂单的迹象（卖·买） 没有盘口挂单的迹象	买入·中立·卖出
	最近成交价附近的订单数量	卖方多·中立·买方多	买入·中立·卖出
	OVER和UNDER的订单数量	卖方多·中立·买方多	买入·中立·卖出
股价	近期高点（日K线图）	记入股价（　　　　　　日元）	
	近期低点（日K线图）	记入股价（　　　　　　日元）	
	现在的股价	记入股价（　　　　　　日元）	
结论	最终的投资判断（※未持仓的情况）	现在马上买入 以○○日元的锁定价格买入 不买	
	最终的投资判断（※持仓的情况）	继续持有 以○○日元的锁定价格买入 现在马上卖掉	

实践操作⑥ 对照答案

下面只是一个回答的例子。在实际投资时，还要在确认基本面以及业务具体内容的基础上做出最终的判断。

确认项目		确认内容	投资判断
移动平均线	移动平均线（周K线）的趋势	上涨趋势（持续）	长期来看买入
	移动平均线（日K线）的趋势	上涨趋势（停滞）	中立
	移动平均线（5分钟K线）的趋势	下跌趋势（持续）	短期来看卖出
	地上股或地下股（日K线图）	地上股（中流）	买入
成交量	成交量（日K线图）	正常（先是激增，接着转为上涨趋势）	中立
买卖盘	买卖盘的量	正常	中立
	有没有盘口挂单的迹象	没有盘口排单的迹象（虽然有数千单位的订单，但同时存在于买方与卖方，所以可通过）	中立
	最近成交价附近的订单数量	中立（在可以看到的范围内限价单数量中的买单和卖单数量几乎没有大的差异）	中立
	OVER和UNDER的订单数量	中立（虽然卖单稍微多一些，但属于误差范围内）	中立
股价	近期高点（日K线图）	记入股价（ 约2100 日元 ）	
	近期低点（日K线图）	记入股价（ 约1000 日元 ）	
	现在的股价	记入股价（ 1734 日元 ）	
结论	最终的投资判断（※未持仓的情况）	如果从中长期来看认为业绩会增长的话，"现在马上买入"/否则"不买入"	
	最终的投资判断（※持仓的情况）	继续持有（"中长期来看上涨的趋势仍会继续"/认为有可能会变成地下股，就卖掉）	

为什么股价会上下浮动呢

那么股价到底为什么会上下来回波动呢？大家是否都已经有所掌握了呢？

无论你是股市投资的初学者也好，还是有经验的人也好，在这里，就彻底了解一下股价上下波动的机制吧。

假设你和你的朋友共3人，每个人出资100万日元，共同开了一家餐饮店。

很幸运，餐饮店的客流量稳定增长，每个月的利润额已经达到30万日元。于是3人就决定将这30万日元的利润平分，每个月每人分得10万日元。

3个人经营的餐饮店由于口碑以及网上的好评增多，于是开了2号店、3号店，就这样店铺不断地增加，并且利润额从当年的每月30万涨到300万日元了。

于是3个人可分得的利润每个月也增加到了100万日元。

最初投资的100万日元，很快就变成了"每个月能拿到30万日元的权利"，一年后更是鲤鱼跳龙门似的变身，变成了"每个月能拿到100万日元的权利"。

但是有一天，你和共同经营的两位朋友因经营理念上的分歧而大吵一架。结果，其中的一个朋友说："我决定退出经营，你们爱怎么做随意吧。"接着就要面向普通大众出售"每个月可以领取100万日元利润的权利"了。

不管怎么说，这可是每个月可以领取100万日元的权利啊。于是，就马上有一个有钱的大叔拿出1000万日元买了下来。出售该权利的朋友由于一开始开店的时候出资了100万日元，所以减掉差额他赚了900万日元。

当然在这900万日元之外，到现在为止每个月都从餐饮店的利润中持续分得了三分之一，所以获得的回报早就远多于最初投入的100万日元了。

我想大家已经发现了，这个"分得利润的权利"正是股票。原来的100万日元的股票，因为餐饮店的生意红火使得收益增加，脱胎换骨变成了1000万日元的10倍股。

大叔用1000万日元购买了"每个月可以领取100万日元利润的权利"，如果餐饮店在今后的10个月里能够赚取同样的利润，那么投资的1000万日元就能全额收回。从第11个月开始，进入口袋里的就都是净利润了。

如果餐饮店的生意更加火爆，接着开4号店、5号店的话，可以预料到每个月能够领取的利润还会增加。

就像这样，股价上涨时也需要"以高价买入那只股票的人"的存在。如果有人预测"股价会比现在还要高"而买入股票，股价就会上涨；相反，如果没有人预测"股价会比现在还要高"而无人购买股票，那么那只股票就不会再上涨了。

回到餐饮店的话题。

将餐饮店的一部分管理权转让给了大叔，本以为会像原来那样风调雨顺，可是有一天突然发生了食物中毒事件！于是餐饮店被日本卫生保健所勒令停止营业，并给予了行政处分。

这个餐饮店在当地颇有名气，食物中毒的新闻立即传遍整个区域，当地的报纸以及电视台也相继报道了此新闻。

这下，用1000万日元买了这个餐饮店的股票的大叔慌了。出了食物中毒这样的事件，即便是经过整顿之后重新开业了，客人很可能也不会再来了。如果餐饮店倒闭了，那么花1000万日元重金买入的股票就将变成废纸。

于是大叔有了这样的想法："与其让股票变成废纸，倒不如就便宜点卖了算了。""买的时候是花了1000万日元买的，现在打折后800万日元卖，有没有人买啊？"可是，发生食物中毒并且暂停营业的事实已经众多周知了，所以没有人想买这个股票。

即便如此，大叔还是继续贴出告示。"如果800万日元没人买的话，那么半价500万日元也行，有没有人买啊！"

实际的股价下跌与这种情形是一样的。

如果餐厅（公司）的经营像以前一样顺利的话，回报给持股人的利润也会增加，随之想要持有该公司股票的人就会增加，股价就会上涨。反之，如果发生食物中毒这样的事件，导致公司经营出现问题，持股人获得的利润就会减少，随之股价就会下跌。

综上，股价的涨跌是由公司的业绩好坏以及买卖股票的人的想法决定的。

6

买完股票后应该
如何做？

业绩明明很好，
为什么股价下跌了呢

孩子如果拿到了优秀的成绩单，就会受到家长的褒奖，而如果拿到了不理想的成绩单，就会遭到家长的横眉冷对。可是，股票的世界里却时常出现明明业绩很好股价却下跌，明明业绩不好股价却上涨的现象。

发生这种实际业绩与股价逆转的现象，其原因就在于投资者的"预期"。我称这种现象为"野比太君现象""出木杉君现象"。

每次都得0分的野比太君，如果得了30分的话，周围的大人就会褒奖道："你真棒，野比太君！做得好！"于是野比太君的股价就会上涨。

另一个是每次考试都得100分的出木杉君。如果他得了80分的话，周围的大人们就会担心地问："怎么了，出木杉君，你没事吧？"于是出木杉君的股价就会下跌。

在投资界，也正是因为投资者们这样的心理，股价才会震荡。

如果冷静地比较一下30分和80分，很明显80分的成绩更好，这是任何人都看得一清二楚的。但是，在这里如果夹杂进"大家（投资者）的期待"的话，就会变成另一回事了。

也就是说，在公布公司业绩（公布年报）之后的股价变动，不是随着年报数据的好坏而变动的，而是由"是否超出了投资者们的预期"来决定的。

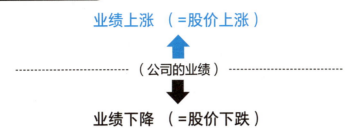

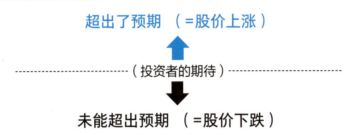

明天是公布年度财务报告的日子！
应该怎么做

看公司年报，就如同看自家孩子的成绩单。不要等到年报公布出来之后，股价震荡之时才想起还没来得及看交到自己手里的成绩单。

年报公布日期可以访问公司网页，在"IR日历"中确认（也有发布日期未确定的情况，不过日期临近时会公开的）。

投资者会碰到"是否要持仓跨过年报日"这样的问题。公布年报日期之前，有人会预测报告内容不好，于是在报告日前卖掉股

票；相反，也有人会预测报告内容很好，于是在报告日前增持股票。**从结论讲起的话，是否要持仓跨过年报日，就看对这个公司的"投资策略"和"年报日前的股价变动情况"了。**

　　例如，刚刚投资时，如果并非参考眼前的年报数据，而是用更长远的眼光来评估这家公司的潜力做出了投资的话，就该持股跨过年报日。

　　但如果是投资已有一段时间，并且股价也有一定程度的上涨，从投资前制定的投资策略来看，觉得应该"快到卖出的时候了"，那么，大家就会考虑与其特意持仓跨过不知道会怎样的财务报告，不如先平仓获利算了。

　　如果是一家股价几乎没有变动的无人关注的公司，它的年报超出了预期，那么股价上涨的可能性就会很高。而且，就算年报的结果不是很理想，由于本来就不太受关注，所以在年报公布之后，股价有时也会出乎意料地不跌。

　　另外，有些公司的股价在年报公布之前就因高的期待值一点点地上涨。这是那些"预估年报的结果会很好，于是想在年报告公布之前买入，等年报公布股价上涨后找个时机卖掉"，持有这种想法的短线投资者在买入时的一种情形。

　　像这样的投资者，他们会采取怎样的举动呢？是的，"发布财务报告之后就会卖掉"。就是这样，已经上涨的股价在公布理想的财务报告之后也会掉头下跌。

　　归纳起来内容如下。

➜ 持仓跨过公布年报的时间
- 刚投资不久之时
- 公司还有很大的成长空间时
- 其他投资者关注度低的股票
- 在年报公布之前股价仍没有变动的股票
- 虽然不太受关注，但是预测年报结果很好

➜ 在公布年度财务报告之前卖掉
- 在公布年度财务报告之前就因期待而买入，使得股价上涨时
- 感觉卖掉也可以时
- 感觉公司已没有更多的成长空间时
- 年报看似无法超出预期时

待熟练之后
试着灵活运用"特别框架"吧

投资的股票数量越多，投资就会变得越复杂。

假设投资的金额为100万日元，如果告诉你"可以用它去投资10只股票"和告诉你"只能用它投资一只股票"，哪个方案会让你更加深入考虑并展开调查呢？当然是只专注于一只股票时会更认真、仔细，对吧。

即便是做出投资之后，如果仅是一只股票的话，那么跟踪信息也会比较容易。但如果是10只股票的话，那么一定会在几个月后出现"对了，当时为什么买了这只股票呢？这是一家做什么的公司来着？"的状况。

为了避免出现这种状况，就应该减少投资股票的数量。虽然投资的金额增加时也可以适当增加一下持有股票的数量，但是即便如此，也不能增加过多，因为那会让你管理不过来，所以必须对此引起重视。

根据资金量的不同，持有股票的数量的标准如下所示。

● **根据资金金额的不同，持有股票的数量的标准**

10万—300万日元	1只股
300万—1000万日元	1—2只股
1000万—3000万日元	2—3只股
3000万—1亿日元	3—5只股

当然了，与集中投资小盘股目的不同（以特别框架），持有几只股票也是没有问题的。但是，若使用特别框架，还是等到集中投资小盘股有了一定的资金积累之后再开始吧。

特别框架的参照标准

 预计短期内会上涨的股票 =1 只股票

 以数年为单位的中长期持有的股票 =2—3 只股票

 预计短期内会上涨的股票 =1 只股票

在做投资时，会出现一时想买"短期内可能上涨的股票"的情况。虽然这种情况相比投资更接近投机的性质，不过这种短期的交易经验也可以在积累资产中得以应用。

但是，这种短期性价格波动的股票，每天都需要进行详细的确认。因此，要注意不要同时买入多只这种类型的股票。一定要限制在1只以内。

如果硬撑着管理，就会因过于在意股价，无暇顾及本职工作。另外还要注意，不要因为贪婪而做出过多的投资。以相对较小的金额，做到随时都能撤离才是关键。

以几年为单位长期持有的股票 =2—3 只股票

假设你遇到了一只认为可以"不用在意眼前股价的波动，想长期持有几年"的股票吧。

如果是这样的股票，就不需要在投资之后每天都进行打理了，所以像持有银行里的定期存款那样，可以持有2—3只。但就算是长期的特别框架投资，如果持有的股票数量多了还是会管不过来的，所以一定要注意。

买入之后的3个应对方法

在制定投资策略时，预先做出"如果股价上涨了怎么做""如果股价下跌了怎么做"的决策是至关重要的。

购买股票之后的3个选项

 以"目标股价"做判断

 以"时间轴"做判断

 以"新的新闻"做判断

以"目标股价"做判断

判断标准之一就是事前制定的投资策略到"目标股价"为止的达成率。

假如设定的目标股价是在100日元时买入，等一年之后股价在500日元时卖出的话，那么，即使股价在短期内上涨到140日元，也不应该在这个达成率时卖出。

但是，如果设定的股价目标是3个月之后的150日元，那么短期内上涨到140日元时的判断就不一样了。因为3个月的时间，股价从100日元上涨到150日元，短期内已完成了80%的目标。在这种情况下，相比执着于达成150日元的目标，承担风险追求10日元（20%的增量）的差额，直接平仓获利的做法应该说是更有效的投资吧。

 以"时间轴"做判断

另一个判断标准就是"时间轴"。

假设以一年之后的股价500日元为目标，在股价100日元时买入了，结果运气非常好，在刚买入之后就有利好消息发布，于是股价连续几日都涨停了。

在买入之后的1周时间内，股价迅速变成了2.5倍，直接涨到了250日元。在这种情况下，是不是平仓获利比较好呢？

这种花一年时间追求股价变成5倍的投资策略，从计算结果来看即便是股价一直上涨，要涨到250日元也需要半年的时间。而如果仅仅用一周的时间股价就涨到了这个价格，那么与其继续承担风险去追求剩下那部分未上涨的股价，倒不如在预计收益目标已完成一半时平仓获利，然后去准备下一个投资，这样做的投资效率更高些。

特别是那些短时间内暴涨的股票，在短时间内下跌的风险也会升高。所以，当持仓的股票意想不到地涨停时，还是冷静地做出判断吧。

 ## 以"新的新闻"做判断

买入股票之后发生的新闻也是判断的标准之一。

如果在调查了那则新闻之后，得出了"股价的涨幅可能比当初预设的目标还要大"这样近乎于确信无疑的结论时，那么做出"增持"的选择也是可以的。

比如，以半年之后的股价涨至300日元为目标，在股价100日元时买入了一只股票，而后不久，这家公司公布了与大企业达成业务合作关系的新闻。于是就做出了股价不止会变成3倍，变成10倍都有可能的判断。

那么，这时假设就算股价变成了150日元，目标的达成进度已经到了50%，在了解到股价可能会变成10倍的利好消息后，继续增持的回报仍然是很大的。

以150日元→300日元为投资目标时，虽然没有增持的理由，可是以150日元→1000日元为投资目标的话，增持就有充分的理由了。

当然，短期暴涨以至于涨停的股票，在之后暴跌的风险也会升高，所以在增持的时候，请一定要彻底做好资金的管理。

股价下跌了应该怎么办

如果买入的股票下跌了，从结论上讲"马上卖掉"是基本的操作原则。

本来这种以为会上涨而买入的股票，如果买入之后就下跌了的话，就是当初的判断错了。所以，这时应该接受这个事实，并在此基础上判断接下来该怎么做。

从基本原则来讲，下跌的股票要马上出手，上涨的股票应牢牢抓住。仅仅是遵守这一点，就能大幅度地提升投资的成果。

在此基础上，在股价下跌时可以作为判断标准的就是损失的承受力，即"风险承受力"。

基本上，当损失额还在投资策略设定的风险承受范围之内时，应该"继续持仓"；而当损失超出了风险承受的范围时，就应该"卖出"了。

假设以1年之后的500日元为目标股价，并在股价为100日元时买入，那么短期内股价即便下跌到了80日元，也不应该惊慌失措地卖掉它。因为对于一只预计股价可能涨至5倍的股票来讲，眼前-20%程度的账目亏损只能算是误差允许的范围。

另外，假设以3个月后的150日元为目标股价，并且在股价为100日元时买入，如果在短期内股价下跌到了80日元，那么如实承认自己的判断失误并且平仓止损的做法就更好一些。尽管期待在3个月的时间轴里股价能上涨，可没想到短时间内股价下跌并造成了账面亏损，所以就应该判断平仓止损了。

那么，下面的这种情况应该如何判断呢？

假设一年之后的目标股价为500日元，且在股价为100日元时买入，半年后股价涨到了300日元，正认为股价会继续顺利地上涨时，没过多久股价便一下子跌至250日元——"股价下跌"的事实虽然相同，可账面损失却没有增加，是账面利润减少了的情况。

即便是在这种情况下，也不要忘了做全面的审视。股价在涨到300日元之后，又下跌到了250日元，判断这个差额的50日元是属于"暂时的调整"还是"真正的趋势反转"就是关键了。

如果是暂时的调整，股价在中期移动平均线上面推移时，就"继续持仓"。如果是几条移动平均线相互交错的状态，并且股价跌到了长期移动平均线以下，之后再也没有反弹回来的话，就判断趋势反转"卖掉股票"。

就像这样思考。

当持有的股票价格下跌时，继续买入该股票的做法叫作"股票增持"。

虽然增持股票可以起到拉低平均购买单价的作用，但这是"最不可取的"。

"下跌了就买入""下跌了就买入"像这样持续买下去，平均买入单价会下跌，等到价格上涨时能挽回损失，增持的目的也就是这个。但是，可以这样增持的也只限于剩余资金充裕的买家，而且是在心甘情愿与那家公司玉石俱焚的时候。

下跌的股票有继续下跌的倾向。当持有的股票下跌时，与其不承认自己的失败继续增持，不如诚实地接受自己的失败，并进行平仓止损。拿出勇气撤离，并将经验活用到下次的投资中吧。

"股价一动不动"时的应对方法

"买人的股票不跌也不涨。"

这时候，你会怎么做呢？

也许你会认为"反正也没有赔钱，那就这么放着吧"。这种情况看上去似乎没有赔钱，但实际上，在看不见的地方还是遭受了损失。

那就是"机会损失"。

所谓投资，就是持续不断地将资金投向那些能增加利润的地方的一种行为。也就是说，把资金套牢在股价不动的股票中，就如同损失了原本投入到上涨的股票时可以赚得的利润。

这就是持有股价不动的股票就相当于赔钱的原因所在。

股价既不上涨也不下跌的股票，就在于它本来就不受投资者的关注，所以尽早地将其换成现金，投资到可能会上涨的股票中才是明智之举。

应该平仓，还是继续持仓

所谓的投资就是"持续地将资金投向预计可能给自己增加利润的目标上的一种经济行为"。

如果判断现资金所在处已经不会再给自己增加利润了，那么就毫不犹豫地挪向别处。这是投资的基本原则。

当你开始投资后就会发现，相比"买入"股票的时机，"卖出"股票的时机更难把握。"应该在何时卖出"是经常困扰投资者的问题。

在应该卖出股票的时机未能卖出的人，经常会说这样的话。

"感觉还会上涨。"

"虽然现在还是账面亏损的状态，不过我想到时候会上涨的。"

"也许只是暂时的下跌吧。"

"不想让账面损失变成实际损失。"

行为经济学将这样的心理状态称为"赋效应"。指的是人们倾向于对自己拥有的东西赋予更高的价值，而舍不得抛弃的一种心理表现。

据说人们从已经拥有的东西中所感受到的价值是未拥有的东西的2倍。造成这种情况的原因是不希望让已经花掉的金钱与劳动浪费的心理在起作用。

正是因为这种心理，才让投资者不断地增加账面损失。

那么，我们应该怎么做呢？其实只需要一些简单的提问，这个问题就能解决。

"如果你还没持有这只股票的话，现在还会买它吗？"

如果回答"YES"，那么就继续持有它；如果回答"NO"，那么就卖掉它。就这样来判断。

假如判断后的结果是将股票卖掉了，但之后又判断这只股票还是成长股的话，那么，在那时再次买入就可以了。以我的经验，这也没有什么问题。

可能多少会花费一些交易手续费，但相比继续持有不断下跌的股票，所能得到的经济回报要高得多。

如果因为"现在卖了就必赔！"的想法让你左右为难，

那就试着想一想卖也好、不卖也好，摆在眼前的数字已经告诉你肯定赔钱了。

假设现在用100万日元投资了一只股票，而股价却跌了一半。这时你证券公司的户头上的页面应该如下图所示。

（证券号）：1234

公司名	× × 商社
现值	500日元
入手单价	1,000日元
估值	500,000日元
估值收益 / 损失	−500,000日元
估值盈亏比	−100%

看到这个画面就会产生"卖了肯定赔钱，所以不想卖"的想法，这种踌躇不定是可以理解的。

但实际上，画面的背后所呈现的是这样一种状态。

> 向 × × 商社的管理层寄存了50万日元

你投资了100万日元的 × × 商社的股票，价值变成了半价的50万日元。这与把50万日元寄存到 × × 商社是相同的状态。

当然，你可以按照自己的意愿，随时取回50万日元，也可以继续寄存在那里。

请想象着上面的情形，回答一下下面的问题。

> 如果现在手里有50万日元现金的话，
> 会把钱寄存在××商社的管理层那里吗？

如果回答"YES"，那么就继续持有它；如果回答"NO"的话，那就卖掉它。就这样来判断吧。

7

持仓股票暴跌时，
应该如何处理？

"股价暴跌"前的4个征兆

只要做投资，就会遇到股价大跌的局面。

像"livedoor事件"（2006年1月）、"雷曼冲击"（2008年9月）、"新冠冲击"（2020年3月）这样导致全球股价暴跌的局面到现在为止时有发生。不仅仅是这样的全球性暴跌，一年之中还有几次所谓"市场调整"的现象发生，那时整个股市会突然下跌。

要对这种股市整体暴跌做出正确的预判几乎是不可能的。但是，在暴跌之后回头看看当时的情况，就会发现其实事前是有明显征兆的。只是，就算出现了征兆，股价也并不一定会暴跌，这也是一个难点，不过能否做好"股价可能会暴跌"的心理准备，应该说还是有很大差异的吧。

在此，向大家介绍一下"股价暴跌的征兆"。

股价暴跌前的4个征兆

☑ **股价暴涨时**

☑ **融资买入增长过多时**

☑ **没经验的人也开始炒股时**

☑ **人们的行为发生变化时**

股价暴涨时

如果股价的暴涨是因"能够提升该公司业绩的确实的利好因素"引起的，那么当然是没有问题的，但多数时候是，利好因素还未反映到业绩之前就因"投资者的期待"而被买入了。也可以说股价的暴涨是因为"大家都在急忙买入"。

仅仅因为投资者的期待而买入，导致股价暴涨的股票，多数情况下其股价上涨的背后是没有实际"业绩"做支撑的，所以只要业绩稍微与期待值不符，股价就会一下子暴跌。

当股价暴涨时，从K线图上察觉到上涨趋势的短线投资者，以及那些总是慌忙做出判断的投资者们就会聚集而来，便形成了买家唤来更多买家的情况。

如果出现这种情况，股价就会拉高到与实际业绩脱节的地步。这样一来，接下来持有这只股票的投资者就会寻找卖出的时机了。

如果有谁一次性抛售使股价下跌了，那么就可能引发大家一齐抛售，然后进入暴跌的趋势。于是卖家唤来更多的卖家造成股价的暴跌。

 融资买入增长过多时

在借钱做投资的信用交易中，由于需要支付利息、设有结算期限等制约，所以做信用交易的投资者都倾向于做短期交易。

由于信用交易的订单数量是公开的，所以可以据此掌握眼前的供需平衡状态。例如，看一看下一页的"每周信用余额"，就能知道"融资余额"比"融券余额"的股票数量多出了5倍有余。融资余额多也就意味着认为这只股票会上涨而买入的投资者多。

融资买入增多的股票，代表着这是一只投资者就算利用"信用交易（借钱）也要买入"的股票，所以，大多数情况下，短期内都会上涨。

但是，这样累计的"融资买入"也会成为"不久之后的卖出"。股市的交易中有"现货"和"信用"两种交易方式，如果以通常的现货交易方式买入的人多时，很可能是本着"持有几个月乃至几年单位时间"的想法买入的。但在信用交易时，因为需要承担利息，所以融资买入的人本着"价格上涨一点就平仓获利"的想法买入的可能性更高。

也就是说，"融资余额"的增多就意味着，在不久之后"卖出订单"会相应地增加。因此，如果出现融资买入增加的情况，就应该注意暴跌。

判断融资买入的多与少是相对的，不能单凭多少股以上就算多或多少股以下就算少来判断。判断是多还是少的方法是通过"已发行股票总数"与"日成交量"的比值衡量的。

在"已发行股票总数"中，利用信用交易完成股票买卖的"融资余额"占比大时被认为股价暴跌的"风险高"，占比小时被认为股价暴跌的"风险低"。

每周信用余额		
05/01	股票数量	与上周相比
融资余额	866,500	+ 51,700
融券余额	164,000	− 50,600

[来源]MONEX证券

→ 风险高的状态

- 已发行股票总数：10万股
- 融资余额：1万股
- 日成交量：2万股
- ▶ 已发行股票总数的10%为融资买入余额
- ▶ 当日成交量的50%为信用买入余额

→ 风险低的状态

- 已发行股票总数：100万股
- 融资余额：1万股
- 日成交量：50万股
- ▶ 已发行股票总数的1%为融资买入余额
- ▶ 当日成交量的2%为信用买入余额

"融资融券回转周期"这个衡量指标在预测股价暴跌时很有效。融资融券回转周期是通过"股票余量（融资+融券）的日平均数×2÷新股和已偿还股数（融资+融券）的日平均数"得出的。

融资融券回转周期如果是10的话，就意味着那只股票的信用交易平均在10天后会被反向交易。也就是说，这个换手日数越短，意味着做短期交易的投资者就越多。

在股票市场的上涨局面融资融券回转周期有偏短的倾向，在下跌局面融资融券回转周期有偏长的倾向。所以，简单记住"融资融券回转周期变短了要注意"就好了。

没经验的人也开始炒股时

明显感觉平时不投资的人们也开始买股票时，就是股价暴跌的预兆。在上一本书中讲过一个"如果擦皮鞋的少年也开始聊股票的时候就该卖了"的故事，其实这种现象在哪个时代都会重复上演。

从2017年的下半年开始到当年的年末，网上的加密资产（虚拟货币）"比特币"的价格暴涨。当时，每天都在播放虚拟货币交易所（互换交易所）的电视广告，明显平时不会投资的高中生，在地铁里也谈论着比特币，电视上也能看到平时不投资的搞笑艺人，透露自己也买了比特币的事情。

就像这样，某只股票相关的话题如果在推特等媒体引发了热议，并随之股价暴涨时，此后股价暴跌的风险就会升高。

股价暴涨的股票想要持续上涨，就需要有更高价格买入股票的投资者存在。但是，连炒股的新手都持仓之后，还有谁会以更高的价格买入该股票呢？

在一场热闹的派对气氛正值浓烈之际，你姗姗来迟，于是被众人纷纷敬酒，你也喝得不亦乐乎，不知不觉间等你醒过神来发现众人皆已散去，最后剩下的只有结账了……

为了避免这种悲惨的状况，当明显地感觉到"平时不会投资的人群最近也在炒股了"，就该意识到股价即将暴跌并要做好准备了。

 人们的行为发生变化时

2008年的雷曼冲击，造成了还不起住宅贷款的美国人暴增、空置的房子增多、欠着房租还继续住着的人增多等情况。

电影《大空头》（2015 年）讲述了一群男人在 2005 年的时候就看破次级贷款（针对低信用度人群的住房贷款）的问题点，并在雷曼冲击中赚得巨额利润的故事，是一部充分展现了市场赌徒们奇怪的想象力和金钱魔力的作品。通过这部作品还可以学到股票投资相关的知识，感兴趣的读者朋友请一定观看一下。

2020 年的新型冠状病毒疫情的冲击，让原本因入境（访日的外国游客）访客而热闹非凡的东京银座以及京都岚山，已不见游客的身影，新干线也空无一人。

想成为一个成功的投资者，就必须对这种世人的行为突发变化的情况下股价仍无反映的状态感到不适应。

支撑股价（股票的价值）的是那家公司的业绩。公司的业绩若要持续增长，购买和使用那家公司的产品以及服务的消费者的存在是必不可少的。

股价与经济是紧密相连的。当某家公司倒闭时，其影响还会波及其他关联公司。如果餐饮店倒闭了，那么房主就可能收不回租金，给餐饮店供应食材、酒类的供应商的销售额就会下降。甚至在餐饮店工作的店员或临时工，可能因为失业交不起房租。

哪怕世人的行为活动变化仅仅造成一家公司倒闭，也可能对整个市场带来影响。

为了能够事前察觉并避开暴跌，最好时常关注人们的价值观以及行为举动的变化。

"股价暴跌"的两种情形

股价暴跌时大致可以分为两种情形。

接下来就思考一下分别如何应对吧。

股价暴跌的两种情形

 特定的股票在暴跌

- -

 所有的股票都在暴跌

特定的股票在暴跌

这种情况，股价暴跌的原因多数在那个公司本身。对此有以下几种基本的思考方式。

◎ 对业绩没有影响，属于暂时的供需变化导致的下跌▶继续持有

◎ 对业绩有严重影响的下跌▶卖出

最重要的是"股价暴跌的原因"。

如果股价暴跌的原因会使公司的业绩（支撑股票价值）发生本质性恶化，就"卖出"，否则就"继续持有"，这是基本原则。

看几个具体的例子吧。

✔ 年报内容不理想导致的暴跌

股价暴跌的多数原因来自年报。如果年报内容比投资者期待的差，那么大量的股票就会被抛售而使股价暴跌。

这种情况，要看公布的业绩恶化的原因是"暂时性的"还是"波及中长期的"，然后再判断是继续持有还是卖出。

假如仅仅是因为暂时的系统问题或负债处理导致的利益减少，从中长期来看，感觉对业绩不会产生影响时，继续持有也是可以的。

另外，哪怕利润并没有减少特别多，但年报的内容从中长期看，认为"已经不会再增长"的时候，选择"卖出"才是明智的判断。

✔ 股价暴涨之后暴跌

关键是看清暴跌是属于"暂时调整"还是因为"看不到继续成长的希望"。

举个例子，假设一家成长空间大，且估计市值能达到1000亿日元的公司，在市值达到100亿日元前后时，股价暴涨之后又突然下跌了，那么从长远来看的话，这只能算是个小的调整。所以，应该是做出"继续持有"的判断的可能性更高吧。

但是，如果这个公司的总市值在已达到800亿日元规模时股价暴跌了，那么，可以认为"可能是快触碰增长的极限了"，于是决定"卖出"的可能性就高。

要从这个暴跌使得总市值减少了多少、减少的总市值相对于将来的总市值的比重是大还是小等角度去思考。

✔ 身为大股东的总经理抛售自己公司的股票导致的暴跌

最了解公司的实际情况和成长空间相关信息的莫过于公司的管理层了。身为大股东的总经理或公司外部的大股东，如果大量抛售自己持有的股票，就要引起注意了。

每天都可以获取不向一般投资者公开的如"合同""诉讼""内部客户问题""业务风险"等相关一手信息的经营管理层，要卖掉自己公司的股票，可以让人想象到，公司的经营可能已经困难到不得不卖掉自己公司的股票获取现金流的地步了，或者他们认为"股价已经涨到头了"。

当然，有些时候是因为"老板想购买自己的住宅所以需要现金"，或"为了获得其他资产需要股票现金化"之类的原因卖掉股票的情况，如果卖掉的股票数量不算太大的话，还是可以接受的。

但是，**大股东卖掉股票的举动，并不是一个积极的因素。所以要冷静地判断"抛售股票的理由是什么"。**

✔ 红利减少导致的暴跌

红利是公司将获得的部分利润分配给股东的那部分。有很多投资者非常重视"股息收益率"，因为股息收益率体现的是，针对于买入股票价格在一年内能够分得的红利。

如果是这些投资者，**当红利减少或没有红利时，他们认为持有的股票已失去了价值，所以会卖掉股票。因此，当红利高的股票的红利减少时，股价往往会暴跌。**

投资者们对红利持有赞赏和否定两种意见。的确，能够发高额红利的当然属于优秀股票，这一点是毋庸置疑的。但是，能够发"高红利"和实际发"高红利"的经营判断是不同的。

如果将其比作向量筒里放着的一个酒杯里注入日本酒的话，红利就如同从杯中溢出的酒。将这些溢出的酒当场喝掉就如同做出了"发"红利的经营判断。当然，也可以利用溢出的酒将杯子和量筒的尺寸做得更大，这种做法就如同前期投资的经营管理风格。

前期投资指的是，现在虽然没法直接产生利润，但为了将来的业绩增长进行的投资。发红利本身不是坏事。但是，发红利这件事情如果从另一个角度来看，也可以说是一种"盛酒的杯子和量筒已经足够大了，往后大家就一起畅饮吧"这样的经营判断。

我个人认为"今后要成长的公司，即便赚取了利润也不会发红利，而会进行前期的投资"。

美国亚马逊自1997年上市以来，没发过一次红利，但股价却比上市的时候多出了2000多倍（2020年8月份）。

✔ 诉讼引起的暴跌

如果与竞争公司或与顾客之间的纠纷发展到了诉讼的地步，就可能引发股价的暴跌。

"在诉讼中如果败诉了，就要支付赔偿费或和解费，进而会降

低公司的利润"，这样的一种猜测就会让股价仅仅因为一则诉讼的新闻而暴跌。

可实际上，如果是上市公司的话，被人诉讼或者提起诉讼之类的事情简直就是家常便饭。未支付加班费、性侵/职场霸凌问题、挪用公款、侵犯著作权/专利权、不履行合同、拖欠付款、残次品导致的事故、信息泄露等等，业务拓展得越大，问题就越是接踵而至。这里重点要看的还是诉讼的内容"是不是达到了可以撼动这家公司业务"的程度。

 财务欺诈导致的暴跌

利用不正当手段操纵财务报表（资产负债表、损益表），企图将财务状况和经营状态展现得比实际要好，一旦被发现基本上是一发不可收拾。

我们可以把买入股票理解为"因为信赖这家公司的管理层而将钱委托给他们"。对于将钱委托给公司管理的投资者来讲，管理层有义务向他们提供正确的报告。如果不这样做的话，投资者就不能做出正确的投资判断。

财务欺诈是将投资者与管理层的信任关系一下子清零的欺诈行为。当发现有财务欺诈的行为时，完全可以判断他们是没有投资价值的。应该马上卖掉。

但是，财务欺诈导致股价暴跌的公司，也有被其他公司收购的情况，只是这种情况非常少见而已。一般在这种时候，会将原来弄虚造假的经营层扫地出门，那么这时候就有再次考虑是否从零开始投资的余地了。

 原因不明的暴跌

　　令人意想不到的是，多数暴跌的情况是"原因不明"的。特别是在成交量小的小盘股中比较常见。

　　日经平均指数等整体行情大幅下跌时，小盘股也会被大盘下拉而导致大跌。政治因素、恐怖事件、国际形势、国家政策和法律的修改、汇率变动等各种因素都会影响股价的波动。

　　弄清楚大盘下跌的主要原因，判断下跌是暂时性的、对发行该股票的公司业务没有影响，那么当然就没有问题。但是，像雷曼冲击时那样，整体经济在中长期内都处于不景气的情况，就需要注意了。

　　另外，与大盘无关，仅仅因为该只股票接到了大量的市价卖单，股价也会暴跌。特别是小盘股的买卖盘量小，成交量小，这些股票会较多地发生这种情况，仅仅是数百万日元到1000万日元规模的市价卖单就能造成股价的暴跌。

　　举个例子，假如在如下买卖盘的状态下，接到了5000股（约500万日元份）的市价卖单。那么，因为"买单"的那一栏合计也只有3900股的买入订单，所以这3900股的买入订单在全部完成交易之后（5000股—3900股）还有1100股的剩余卖单，并且股价会"跌停"。

卖单	价格	买单
4,200	OVER	
300	980	
100	968	
100	965	
100	964	
700	960	
100	950	
100	945	
100	915	
100	912	
前200	910	
	895	前100
	883	100
	880	200
	870	100
	868	100
	864	200
	862	100
	861	100
	850	100
	846	200
	UNDER	2,600

具备了最低需求专业知识的投资者，我想一般不会在这样的买卖盘一次性下5000股的市价卖单的，但是，偶尔会有弄错一个数位直接下单的情况（看似是玩笑话，却是真实发生的事）。

如果并非这种失误，或许就是大股东在公布之前已提前知晓公司的利空信息，所以一次性把股票卖掉了。

仅凭"股价暴跌"这一事实，想要探明其背后的真实情况是不现实的，应该在结合可能发生的事实的基础上做投资判断。

不景气的状况下还能上涨的股票

整个社会的经济很景气时，买什么股票都能涨。相反，社会整体都萧条时，尤其会以大公司为中心股价下跌。但是，正是在经济不景气时，今后能够稳步增长的小盘股才会以低价被搁置，所以这是将来积累大量资产的大好时机。

即便经济萧条，也会存在上涨的股票。无论经济多么萧条，"衣食住"是不可或缺的。因新冠疫情外出受限，所以"衣"和"外出就餐"的需求会减少，可生活所必需的需求是不会消失的。

经济萧条时期选择投资目标的关键词为"基础设施"。

听到基础设施可能会想到"电""燃气""水""流通""物流"等这些行业。但是，开展这些基础设施业务的就连"中部电力""东京燃气""日本永旺""SG佐川控股"等总市值1万亿日元、2万亿日元规模的大企业，今后的增长空间也是受限的。

集中投资小盘股的投资目标是那些提供"以后需求可能会增长的基础设施服务"的公司。从"人们的行为会有什么变化，消费习惯会有怎样的变化"这样的角度思考的话，就能找到答案了。

例如，在新冠疫情冲击下外出受限的这段时期，可以看出餐饮业的业绩虽然下跌了，可酒类和食品的线上销售业绩反倒增长了。比如，那些网店的销量，一个个销量都刷新了过去的最高纪录。

将来的前景越是难以预料，为将来准备开始资产管理的人就越多。所以，新注册证券账户的投资者就会增多，随着股票交易的人变多，做收取交易手续费业务的证券公司的业绩就会上涨。

还有，即便经济恶化了，在维持健康上的投资还是很难降下来的。所以，健康产业的抗萧条能力是比较强的。

做投资比较顺利的人，在经济萧条时，会从"人们的行为会发生怎样的变化？"这样的视角看问题，并预测行为的变化，选择投

资的目标。"现在正值经济萧条时期，而这时恰恰才是开始投资的好时机"，这样思考的人，才能积累到大量的资产。

"信用交易"的注意点

以现金或股票作为抵押，从证券公司借入资金进行股票交易的"信用交易"（最多可以借入担保金额3.3倍的资金），可以在短期积累巨额资产的同时，也可以在短期内遭受巨大的损失。

因为这属于借钱投资，所以不仅需要支付利息，而且还会因"反向交易"设定期限。反向交易就是卖掉持仓的股票，或者买入平仓的股票，而买入的股票（或者卖掉的股票）必须要在到期之前结算。

因此，信用交易不适合做中长期的投资，只适合用于短期投机交易。但是，因为有交易期限，所以，有时即便不想卖也不得不卖。

在持有本金的范围内进行"现货交易"的投资时，如果公司的业绩在增长，那么股价下跌一些也是可以继续持有的。但是，如果手持少量的本金还利用信用交易的杠杆进行大额交易时，哪怕股价下跌一点都有被强制平仓的可能。

因此，中长期的投资基本上以现货交易为主。

如果以那些前提为基础，在特定时间点灵活利用信用交易杠杆，那么作为一种有效运用资产的手段是不予否定的。但是在信用交易之前，一定要完全理解其性质和运行规则，之后才可以利用。

有一种在信用交易中失败导致无法脱身的情况，那就是利用信用交易大量买入了流动性低的股票，而股价却下跌之时。

这时即使想要平仓止损，也因为自己的平仓让股价进一步下跌，而陷入想卖又不能卖的窘境。

另外，最好不要买入现货股票，并以此为担保进行信用交易，即所谓的"股票质押融资"。股价上涨时还好，一旦股价开始下跌，资产就会一下子减少，从而可能导致不得不退出市场。

"股票质押融资"的构造

仅限信用交易 用100万日元现金
利用信用交易买入200万日元的股票

▼（股价下跌20%）
信用交易的市值160万日元 （-40万日元）
维持保证金比率： 37.5%
平仓止损时： 账户余额60万日元
作为保证金的100万日元的担保价值
不变，所以可以维持高的"维持保证金比率"

> ● 何为"维持保证金比率"
> 针对"未平仓合约总额"（交易合约
> 成立后未做反向交易而剩余的未结算
> 金额）信用保证金所占的比。新建仓
> 时的委托保证金比例为33%（建仓规
> 模越大，维持比率就越低），按照维
> 持保证金比率计算得出的可交易额称
> 为"保证金可用金额"。

股票质押融资 股票质押融资用现金100万日元买了100万日元的股票
利用信用交易买入200万日元相同的股票

▼（股价下跌20%）
现货股票的市值80万日元 （-20万日元）
信用交易的市值160万日元 （-40万日元）
维持保证金比率： 25%
平仓止损时： 账户余额40万日元
作为担保金100万日元的股票价值
减少了20%，由此信用维持率急速恶化
产生"追加保证金"的可能性增加

> ● 何为追加保证金？
> 在信用交易中，需要维持一定的担保
> （保证金）比例。在信用交易中如果
> 融资买入后股价下跌（或融券卖出后
> 股价上涨），就会出现头寸浮亏、担
> 保（保证金）下跌等担保（保证金）
> 价值下跌的情况，当担保（保证金）
> 跌破一定比例（最低维持保证金比
> 例）时，就需要追加注入保证金，这
> 就称为"追加保证金"。

"退出股市"的3种情形

若想避免从股市退出，就一定要避免以下这3种情况。退出股市的3种情形都与信用交易有瓜葛。

<u>退出股市的3种情形</u>

☑ **在信用交易中过度使用杠杆**

- -

☑ **做融资买入却不会平仓止损**

- -

☑ **做融券卖出却不会平仓止损**

 在信用交易中过度使用杠杆

假设一个刚开始投资的人，利用信用交易碰巧买入了暴涨的股票，幸运地大赚了一笔。那么，他就会因此认为信用交易是非常好的交易。可是，这却是最终退出股市的常见套路。

由于过于相信暴涨时的成功体验，所以很容易利用信用交易追逐暴涨的股票，但是暴涨的股票同时也有很高的暴跌的风险。只要看错一回，就可能因此损失巨额资产，从而不得不退出股市。

 做融资买入却不会平仓止损

在信用交易中，即使没有过大地加杠杆，如果做不到平仓止损，那么早晚都会迫不得已退出股市。那些不肯承认自己的期待落空，磨磨蹭蹭地继续持仓下跌股票的投资者，就属于这种情况。

如果持有的是现货股票，那么就不存在被强制止损的风险，但只要做的是信用交易，就会出现在某个时间不得不平仓止损的局面。

过去大幅上涨的股票，一旦被投资者们认为无望而舍弃一次，那么除非有什么特殊情况发生，否则就再也不会回来重新投资了。正因如此，股价有时甚至会跌至十分之一。

虽说现货交易没有强制平仓止损的规则，但是如果不会平仓止损的话，就可能导致投资的资金骤减至十分之一，这就和信用交易时被强制平仓遭受的损失是一样的了。

做融券卖出却不会平仓止损

在投资界有这样一句话，那就是"买输房，卖输命"。股价的下跌有一个0日元做"底"，但股价的上涨却没有"顶"。因此，这句话在告诫人们，买可能遭受的损失大概 个房子就到头了，可卖遭受的损失可能连命都会丢掉。

特别是利用信用交易做"卖空"时的损失额，那就是无底洞。将自己持仓的股票卖出称作"现货卖出"，在信用交易中将未持仓的股票"借入后卖掉"的做法就称作"卖空"。这是一种在预计股价下跌时卖空股票，之后在股价实际下跌之后再买回股票，从而赚取差额利润的手法。

假设买入了100万日元份的现货股票，可那家公司倒闭了，那么最大的损失就限定在这100万日元的范围之内。而如果是借入100万日元的股票卖空的话，当股价出乎预料，不仅没跌反而上涨至10倍价格时，损失金额就是1000万日元。

现货买入时的损失风险额度是限定在出资额的范围内的，而收益却可以上不封顶。但是利用信用交易做空时，收益虽然有限，可损失却是无底洞。

假如要做信用交易，那就一定要在事前决定一个止损线。

如果只是做现货交易，那么除非有什么特殊情况，否则一般是不会出现迫不得已退出股市的情况。当然，在现货交易中也是一样的，与其一直持有账面亏损的股票，倒不如另外寻找上涨股票进行投资，这样做最终的成果会好很多，所以，在事先制定的投资策略基础上做好平仓止损是非常重要的。

如果并非迫不得已而退出股市的话，损失的经历对于投资者的成长来讲是非常好的学习机会。那些大获成功的积累了巨额财富的世界顶级投资者们，没有一人未经历过巨大损失。

如果说赔钱的经历是一条必经之路的话，我觉得经历的时机越早越好。因为运营资金为100万日元时的−30%是30万日元，可如果运营资金为1亿日元时的−30%就是数量级不同的3000万日元的损失了。

区分"投资者"和"一般的消费者"的思考方式

受新冠肺炎疫情的影响，无法旅游的日子也有一段时间了。你之前是如何预订住宿的酒店的呢？

"重视性价比，只要价格便宜，其他的条件差些也可以接受。"

"就算价格高些，也想住高档的酒店。"

当然有重视性价比的人，也有为了舒适、悠闲地享受快乐时光，哪怕多花一点钱也选择住高档酒店的人。

这里的关键点就是"价格"与"价值"的关系。

> ○ 普通消费者=购买"价格便宜"的
> ◎ 聪明的投资者=购买"价格<价值"的

如果能改变一下看问题的角度，不仅仅以价格高低来判断，而是把视角转向"有没有超出这个价格的价值"的角度来看事物的话，能看到的景象就会与平时不同了。

你有没有听说过"钱越用越多"这句话呢？我个人认为这句话是真的，但听过这句话的人，其实有很多都不理解这句话的真正含义。

我第一次听到这句话是在开始投资之前，那时还是个大学生。说实话，一开始我听到这句话时是这么想的，"不可能，这话说得没道理啊！钱不是越花越少嘛，减少是必然的

啊！"（笑）

但是，如今我深深地领会到了"如果会花钱，那么钱会给你带来更大的回报"的道理。当然了，为了实现这一点，是需要按照"让钱生钱的方法"行事的。

那就是"价格<价值"的花钱方法。

那些"钱越用越少"的人，他们是按照越用越少（价格>价值）的方式花钱的。

花钱可以大致分为三种："消费""浪费""投资"。

> ○ 消费 → 为了活在当下用的钱
>
> × 浪费 → 给过去努力的自己花的钱
>
> ◎ 投资 → 为未来的自己花的钱

在消费（为了活在当下用的钱）和浪费（给过去努力的自己）上，钱是越花越少的。

但是投资（给未来的自己）却能让你在那里"钱越花钱多"。

普通的消费者因为"收入增加了，想稍微奢侈一下"，于是搬到高租金的高级公寓，换更贵的车，去高消费的餐厅吃饭，生活水平不断提高。

当然，偶尔送给努力打拼的自己一个奖励，也是必要的。但是"消费"和"浪费"如果不断地增加，那么钱当然就会变得越来越少了，而且还可能陷入为了获取这种快乐、快感而去赚钱的循环陷阱里。

然而，用于"投资"的钱，或许在花出去的瞬间不能给你带来快乐和快感，但它却会在将来增值后回报给自己。作为一个聪明的投资者，想要在投资中获得成功，就一定要好好地理解"消费""浪费""投资"的区别。

便宜！便宜！

只要便宜就买吗?

这么好的商品，价格却这么低？

价格＜价值，那么就买！

新冠肺炎疫情冲击的背后

最初的"违和感"与暴跌的"征兆"

就以造成2020年3月19日股价跌至最低（日经平均股价1万6552日元）的"新冠肺炎冲击"为题材，思考一下应对股价暴跌局面时的对策吧。

从结论讲起的话，新冠肺炎冲击之前，是有着明显预兆的。

就此我们按照时间顺序来看一下。

2020 年 2 月 13 日

中国·湖北省新型冠状病毒的死亡人数增加242人，是过去最糟糕的情况
2020年2月12日（星期四）11点13分

点赞　分享　推特

[来源]新闻周刊 日本版

新型冠状病毒，日本人4人重症
在游轮上感染的来客正在治疗中
2020年2月12日 下午7点0分

点赞　分享　推特

2月12日卫生部发布，确认在游轮"钻石公主号"上因新型冠状病毒造成的集体感染肺炎（Covid19）人数新增39名。到11日为止从船上被转运到医疗机构的确诊者中4人为重症。游轮上的感染者共计174人，卫生部正为无法确保接纳患者的医疗机构而苦恼。国内的感染者已有203人。

停靠在横滨大黑码头的游轮"钻石公主"2月10日下午1点45分，（来自共同通信社的航拍）

[来源]福井新闻 ONLINE

首先，关于新冠肺炎疫情，是在2020年1月成为新闻的。最初是以在中国武汉流行的病毒进行报道的，当时的日本还处在一种"隔岸观火"的状态。

在日本，本来以为这是事不关己的事情，可后来意识到并非如此。于是在2020年2月份，大型游轮"钻石公主号"发生了聚集感染事件时，开始改变了报道的风向。在此之前其实大家都是比较乐观的，但后来大家开始意识到"新型冠状病毒不容小觑"。

不过，这时的金融市场没有反映出新型冠状病毒的影响，呈现出的是一种持续上涨的态势。2020年12月13日的《日本经济新闻》曾发布了下面这则报道。

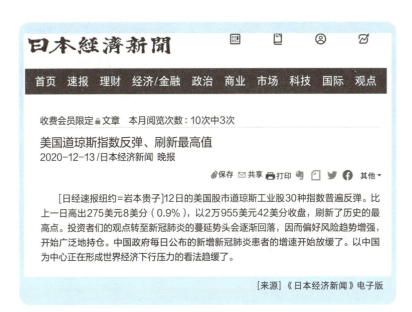

日本経済新聞

首页　速报　理财　经济/金融　政治　商业　市场　科技　国际　观点

收费会员限定🔒文章　本月阅览次数：10次中3次

美国道琼斯指数反弹、刷新最高值
2020-12-13 / 日本经济新闻 晚报

📎保存　✉共享　🖨打印　📝　🔲　🐦　f　其他▾

　[日经速报纽约=岩本贵子]12日的美国股市道琼斯工业股30种指数普遍反弹。比上一日高出275美元8美分（0.9%），以2万955美元42美分收盘，刷新了历史的最高点。投资者们的观点转至新冠肺炎的蔓延势头会逐渐回落，因而偏好风险趋势增强，开始广泛地持仓。中国政府每日公布的新增新冠肺炎患者的增速开始放缓了。以中国为中心正在形成世界经济下行压力的看法趋缓了。

[来源]《日本经济新闻》电子版

由于中国的新冠病毒感染者数量减少，人们认为病毒对世界经济的影响是有限的，这样一种乐观的猜测使得"道琼斯工业股30种指数"刷新了史上最高点。

道琼斯工业股30种指数是美国道琼斯公司公布的，以30只工业股为基数的平均价格指数，称为"道指"或"道琼斯工业指数"。

由于这个道指创了史上新高，日经平均股价也在24000日元前后的高水平推移。虽然世界各国已经开始出现了新冠病毒的感染者，股价却似乎对此熟视无睹，仍然处于高的价格水准。

这就是最初的"违和感"。

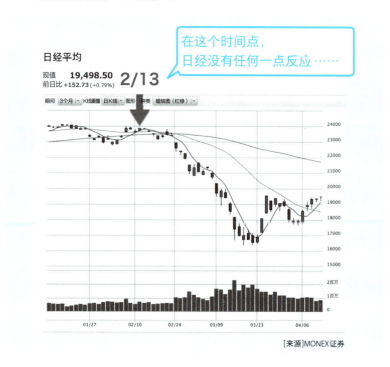

在这个时间点，
日经没有任何一点反应……

日经平均
现值 **19,498.50** 2/13
前日比 +152.73 (+0.79%)

[来源]MONEX证券

2020 年 2 月 18 日

在此之后，日本也陆续出现了新冠肺炎感染者，新闻上也开始做大量报道。

　　从这些题目中也可以看出，这时新冠肺炎疫情已经明显给实体经济带来了冲击。看看这一天的日经平均股价吧，虽然相比最高点略有下跌，但这种下跌的幅度却不是反映了新冠病毒对实体经济冲击时那种程度的下跌。

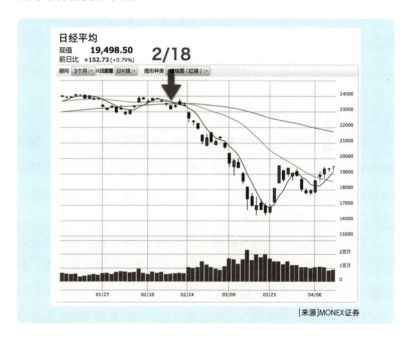

就在这个时间节点，我做出了要为股价因新冠肺炎疫情的扩散而暴跌的风险做好准备的判断。很显然，实体经济与金融经济已经产生了分离，为防备即将到来的暴跌，这样做就如同投了一份保险。

就这样，针对新冠肺炎疫情持续向全世界蔓延，致使股价暴跌的情况，我采取了应对措施。这种策略，可以在股价暴跌时赚得巨额的利润，而股价没有暴跌时能够以较少的损失（保险费）收场。

股价暴跌时的应对策略

大部分个人投资者都是"以低价买入高价卖出"的方式赚取利润，或"以买入并持有股票获得红利"为目的持有股票。

它们有个共通点，那就是"看多开仓"（买入持仓的状态）。

看多开仓如果是在股价上涨的局面是可以获得巨大回报的，但在股价下跌的局面却会遭受损失。

因此，大多数只会做看多的投资者，会把股价上涨局面时赚得的利润全都在股价暴跌的局面损失掉，如果是这样的话，那么最终很可能就要迫不得已退出股市了。不过，有一部分投资者却在股价暴跌的局面仍能够赚取巨额的利润。

那些在暴跌中退出股市的投资者与暴跌中赚得利润的投资者之间的区别，就在于是否能够做"看空开仓"了。所谓看空开仓，是指股价下跌时可以赚取利益的所有建仓的总称。

卖掉认为将来会贬值（下跌）的股票，等到真的下跌时再买回来。这样，结算时的差额就是利润。

大多数个人投资者都是"看多开仓"，而对冲基金和专业投资家们却是"看多开仓"和"看空开仓"同时均衡持有的。

● **看多开仓**

判断以后会上涨的股票或认为被低估了的股票

● **看空开仓**

判断以后会下跌的股票或认为被高估了的股票

通过这样的投资组合（资产配置），可以在回避市场整体变动带来的风险的同时获得利润。

股价有个特性，上涨时一般都是一点点地上涨，而在下跌时却是一下子跌落。这种现象是人们的一种心理反映，它表示着人们在**"买入时都会深思熟虑，而暴跌时都会唯恐落后地抛售脱身"**。

在投资界有一句众所周知的名言：**"跌落的尖刀不能接。"**这句话的意思是指在暴跌时，股价不知道会跌到什么程度，所以不能轻易出手。

可是，暴跌时可以赚得利润的金融商品也有很多。

（1552）国际EFT（交易所买卖基金）VIX短期期货指数

（1571）日经平均逆指数联动性交易所买卖基金

（1357）日经平均双逆指数联动性交易所买卖基金

这些EFT（交易型开放式指数基金）只是一个例子，上述的EFT

和股票一样可以在证券公司的在线窗口购买，它们有股价暴跌时上涨的特性。

之所以称为逆指数，也正是因为它的波动与日经平均恰好是相反的。如果日经平均指数下跌了10%，日经平均逆向指数就上涨10%；如果日经平均指数下跌了20%，日经平均逆向指数就上涨20%。

如果能将增加持有这种金融商品作为一个选项，那么暴跌时就可以采取下列3种策略。

❶ 把手中持有的所有股票都卖掉，静观其变

无论账面上是盈利还是亏损，先平仓变现，把现金抓在手里。万一结果没有预料的那样严重，可能造成机会的损失，因为这时已经把上涨的股票卖掉了。但是，如果真的如预料的那样股价暴跌的话，就可以在股市暴跌的冲击中得以幸免。

❷ 在持仓的股票不做任何变动的情况下，通过买入"VIX"的方式规避风险

这个有点专业化了，实际上我在新冠肺炎疫情时采取的对策，就是买入了这种随着市场不稳定价格就会上涨的"VIX"（表示美国股市波动性的指数=恐慌指数），并用它来当作一种保险。VIX在互联网证券就可以买到。

VIX是利用了其在投资者感到预期不明朗时就会上涨的特性，设计成可以让其在股价暴跌时获得高额利润的指数。

简单来讲，市场整体下跌时持有的股票就会下跌，而VIX可以填补下跌带来的损失。相反，当新冠病毒没有带来那么大的影响时，会损失买入VIX时所花的费用，但这笔花费完全可以当作一个

"保险费"。

判断买入VIX（美国股票的波动性指数）的经纬

2020/2/18

远藤 洋 ✪

我个人，这次是以下列数字
和氛围来判断市场走向的

1. 新冠的扩散情况
2. 人的行为变化
3. 指标（纳斯达克和日经）

17分 赞！ 回信

远藤 洋 ✪

首先，看日本以外新冠的扩散情况，
感觉就快要超过临界点了。

因为感染地点已是多处且不定，感染
路径也无法确定，所以觉得按照这种
情况继续下去的话可能一下子就扩散
开了。

13分 赞！ 回信

远藤 洋 ✪

就像下面这张图，正好是从初期市场推
移到主要市场的可能性高的一种状态。

所以，如果今后感染扩大，导致多数人
都感到恐惧的时候，人们的行为就会发
生变化（开始不出门、不旅行以及现场
活动取消等），从而给实体经济造成巨
大的打击。

5分 赞！ 回信

远藤 洋 ✪

这次我在1552VIX的看多开仓，简单
地讲，就像是市场暴跌时可以分到红利
的保险。

4分 赞！ 回信

远藤 洋 ✪

当然，如果疫情就这样结束的话，VIX
也会下跌，我也会遭受损失，可我就当
它是交保险费了。

但是这次，我下注在未来"疫情的扩散
会给整体经济巨大的打击"上了。

虽然不希望变成这样，但的确认为按现
在的情况来看，这种可能性很高。

[来源] 投资论坛 iXi

❸把手中持有的所有股票都卖掉，然后买入VIX

这是同时采用❶与❷的方法。如果最终股价真的大跌，那么采
取这种策略是最赚钱的。但是，万一结果没有暴跌，那么就会承受
双重打击。

在这3个策略中应该采用哪种策略，那是要根据能承受的风险程度和对暴跌程度下多大赌注来区别对待的，所以不能一概而论。但不论采取哪种策略，为了守住股票资产，等到投资已经很熟练时，就给自己加上一个"看空建仓"的选项吧。

顺便说一下，当时与VIX期货联动的"（1552）国际ETF（交易型开放式指数基金）VIX短期期货指数"的波动状态如下图所示。

2020 年 2 月 19 日

果不其然，受新冠肺炎疫情扩散的影响，大街上的人群真的消失了。就连三连休的第一天，东海道新干线都空空如也。平日游客摩肩接踵的市场也不见人的身影了。

昨天去西部出了一趟差。对于周五的早上来讲，新干线算是没什么人了。而且今早回来时就像图中看到的那样，更是空空落落。这是在希望号新干线的自由座位上拍的照片，三连休的第一天座位空成这样还真是第一次见。往西部方向出差时，每次都很拥挤，所以多数都会安排在周末。也就是说，多数时候都是乘周六早上的新干线回到东京的我，在过去的25年的经验里几乎没有遇到过这种情况。更让人惊讶的是在京都，没人在那里下车，车站内也很安静。回到公司后发现

[来源]昭和40年男

曾经人头攒动的"京都厨房"的锦市场安静了下来。新冠肺炎导致"销售额都跌到了3成以下"，来自店主的悲叹。

2020年2月19日 10:30

🐦 f Bi ▢

新冠病毒引发的肺炎感染扩大，导致锦市场的游客减少（17日午前11点7分，京都市中京区）

平时就像人员爆满的电车那样拥挤的"京都厨房"锦市场，（京都市中京区）寥寥无几的购物者在悠闲地走着，擦肩而过。"这几天、销售额不到往年的3成。这么差还是头一次"，经营杂货店的先生这样叹息道。

[来源]京都新闻

人从街道消失了

老店员目瞪口呆地说，"要比2011年大震灾那时候的人还要少"。店员解释道"消费税的话音未落，紧接着就是这个（新冠病毒）"。因为是日本甜品店，所以中国客人只占四分之一。这显然是日本人消费能力下降的佐证啊。

批发商/店铺"减少的人比大震灾时还多"

[来源]BLOGOS

2020 年 2 月 25 日

到这个时候，新冠肺炎疫情给经济带来的冲击也开始反映到股价上了，股价的下跌势头加重了。

[来源]MONEX证券

就像这样，股价在新冠疫情的冲击下暴跌，它的预兆是通过新闻和人们的行为变化体现出来的。但即便如此，到股价的变动还是经历了几个时滞。

整理一下就是，在以下3点的基础之上来预测市场走向（价格波动）的。

① 新冠病毒的感染区域的扩散情况

② 人们的行为变化

③ 纽约道琼斯以及日经平均指标的变动

关于❶，从感染区域变为多个不特定区域导致明确感染的路径变得困难，做出一下子扩散开的可能性非常高的判断。根据这个判断，❷的人们的行为也开始发生了变化，东京银座的人流减少，旅游以及线下活动的取消情况增多。显然，新冠疫情已经对实体经济造成了影响。

尽管如此，❸的纽约道琼斯和日经平均指标没有下跌，仍然维持了原来的状态。我感到了实体经济与金融经济（股价）之间发生了较大的乖离，这让我无论如何都觉得不可思议。

这个乖离早晚是要结束的，所以就采取了上述所讲的那些策略，继续持有所持的股票，同时利用VIX买了一个保险。

因新冠肺炎疫情冲击而进入视野的"恐怖指数"是什么

新冠肺炎疫情在全世界开始扩散是在2020年的2月份，我为了应对可能到来的股价暴跌采取了看空建仓的策略，这在上面已经讲过。接下来，就针对那个时期用到的所谓在暴跌时会产生利润的指数"VIX"做一下详细的说明吧。

VIX指数是由2017年12月最先完成比特币期货交易而闻名的"美国芝加哥期权交易所"（CBOE）推出的"波动性指数"的简称。波动（Volatility）是表示价格变动幅度的，如果价格变动大，就用"波动值大"来表示。

这个VIX指数的数字是用于反映投资者心理的，也被称作"恐怖指数"。恐怖指数通常在10—20的范围内波动，具有价格变动趋于平稳时数值降低的特征。

　　简单来讲，VIX指数就像一个"拼尽全力奔跑之后的脉搏"那样的指数。 当全力奔跑时就会急速上涨，停下来时就会慢慢降下来，很像脉搏。

　　以这个VIX指数为基础，如果能够在要下跌时买入，并且在暴跌后市场从混乱趋于平稳时卖出的话，就能很好地赚取差额利润。从过去的股价走势图也可以看出，股价在大事件影响下下跌之后，VIX指数就会大幅度上涨。

→ **暴跌时的VIX指数最高值**

2008年9月 雷曼破产	48.4
2008年10月 雷曼冲击	89.53
2015年8月 对中国经济增速放缓的担忧	53.29
2018年2月 对美国经济恶化的担忧	85.47
2020年3月 新冠肺炎疫情的冲击	85.47

VIX指数的推移

与雷曼冲击和新冠肺炎疫情的冲击相同，2014年6月份随着修改后的药事法实施，取消了原则上第一类医药品只能在店面销售的规定，之后可以在网上销售的时候，2020年各国政府禁止销售汽车和柴油车，声明要全面推行电动汽车（EV）的时候，都出现了大的变化，都曾是投资的好机会。

→ 发生突发事件时的对策

● 重新审视持有的股票

频率 世界发生了巨大的变化时/投资的公司有新的内幕被曝光时

目的 顺应社会趋势调整投资手法

例 病毒的蔓延/法律的修改/最高法院的最新判例/恐怖事件和战争/财务欺诈/数据造假/大股东卖掉股票/巨型企业的倒闭/各国政府公布了政策方针/新技术的问世/人们的行为发生了戏剧性的变化

如果在运营小额资金的时候遭受过大损失，那么在将来运营大额资金的时候就能避免犯同样的错误，或者出现更大失误的风险就会减少。

因新冠肺炎疫情而"上涨的股票"

虽然新冠疫情的冲击让日经平均股价大幅下跌了，可就在这样的状况下，分别出现了大幅上涨和大幅下跌的股票。那么就来看看什么样的股票上涨、什么样的股票下跌了吧。

在第119页，讲到了夏普虽然发布了新商品口罩，可它却没有对股价产生影响的案例，与此相反，生产口罩、纱布、消毒液、防护服等医疗品的"川本产业"（3604）的股价却暴涨了。与大型股票夏普不同，川本产业属于总市值规模为80亿日元的小盘股，所以它的股价随着口罩的需求增加也相应上涨了。

另外，随着在家办公的人数的增加，以协助引入网络基础设施为主业的"SERVERWORK"（4434）的股价也上涨了。SERVERWORK的总市值为700亿日元，作为小盘股来讲算是体量比较大的。给它的整体销售额与利润提供了最大贡献的是新冠肺炎疫情导致的线上办公基础设施相关的业务，这块需求的增加也直接导致了股价的暴涨。

给医疗机构提供在线诊疗应用程序"CLINICS"服务的东证创业板上市公司"medley"（4480），它的市场规模为1000亿日元，大家对"CLINICS"的期待推高了股价的急速上涨。

另外，受长期的外出封禁的影响，市值800亿日元的提供蔬菜等食品配送服务的"OISIXRADAICHI"（3182）的股价也上涨了。

因新冠肺炎疫情而"下跌的股票"

在新冠疫情的冲击下很多股票都下跌了，下面介绍一下在这些下跌的股票中，下跌幅度尤其大的几个公司。

首先，由于国内外受出行管控的影响，大型航空公司"日本航空"（9201）、大型旅游公司"HIS"（9603）、运营游轮预约网站"BESTONE CRUISE"的"BESTONE.COM"（6577）等运输、旅游相关公司的股价都大幅下跌了。

另外，由于人们都想到了各企业在突然业绩恶化时最先砍掉的就是广告宣传费用，所以导致大型广告代理店"电通集团"（4324）的股价也大幅下跌了。

不过，由于新冠肺炎疫情促使了居家办公业务的急速扩张，这让人们想到了网络的需求会增加，所以以线上广告为主营业务的公司"CYBERAGENT"（4751）的股价下跌率是有限的。这里也有CYBERAGENT的智能手机事业比较顺利的原因。

2020年5月20日，CYBERAGENT的总市值（把整个公司买下来时的价格）曾一度出现超过了世界级大型企业电通集团的总市值的情况（CYBERAGENT约为5134亿日元，电通集团约为5127亿日元）。

在广告业里，持续占有不可撼动地位的电通集团被新兴力量CYBERAGENT超过了，这也可以说是象征时代变化的事情了。

从新冠肺炎疫情到"新冠泡沫"

因新冠疫情的冲击导致股价正在暴跌时，2020年3月16日，属于日本中央银行的日本银行，公布了增购ETF的消息（日本银行每天都会在官网上公开当日购入ETF的业绩信息）。

ETF是力图与日经平均股价和东证股价指数（TOPIX）等结果联动的，在东京证券交易所上市的投资信托公司。

作为国家的中央银行直接买入ETF（即股票），实际在全世界上也只有日本。美国虽然采取了各种金融政策，但到现在它们的中央银行FRB（美国联邦储备委员会）仍没有直接将手伸向此处。

中央银行在大量持有股票的期间可以起到给股价托底的作用，可如果要卖出时又会有谁来买呢？

假如日本银行开始销售持有的股票，那么市场的暴跌就必将到来。正因为这个原因，其他国家的中央银行才没有通过买入股票来支持股价。

日本银行买入股票支撑股价的做法，很遗憾地讲，不得不说是只能一条路走到黑的没有出路的金融政策。

像这种日本银行买入ETF的做法，对投资者的心理也有很大的影响。也就是说，明明经济环境可能会恶化，可还在为一般投资者的"买入"行为助力。

证券公司的销售负责人会鼓动投资者们说："股价下跌之时，恰恰是买入的好时机啊！现在连日本银行都在买入，简直可以说就是在用举国之力支持，机不可失啊！"这也吸引了很多投资者来买。

可是，看一看实体经济在新冠肺炎疫情的肆虐下受到的冲击，除了一部分之外，需求都是大幅恶化。实际上，倒闭的公司增加了，失业者也增多了。尽管如此，居然还出现了股价离奇上涨的现象。

这其实意味着实体经济与金融经济的乖离越来越大了。实体经济与金融经济的乖离在扩大的现象，也就是所谓的经济泡沫。1990年前后的经济泡沫、2020年前后的IT泡沫也是如此，没有哪个是不破裂的泡沫。

股价在新冠肺炎疫情的冲击下虽然暴跌了，但之后的金融经济却甩开了实体经济独自膨胀着，不过最终还是会破裂并回归到与实体经济相同水平上的。等这一切都过去了，也许人们会将其称为"新冠肺炎疫情的冲击"下联动产生的"新型冠状病毒泡沫"吧。

日本银行公布增加买入ETF的金额。今后的目标难道是在期待交易价格稳定下来的后半场吗？

⊙ 2020年3月18日 17:20   ⌕ NEWS栏目文章   吉野真太郎

2020年3月16日，日本银行召开紧急决策会议，更改了一年内用于买入ETF金额标准为6万亿日元的规定，并公布一年的购买金额增加到12万亿日元。

本以为这个消息一旦公布股市会反弹的，没想到发布后股价却下跌了，到2020年3月18日，日经平均股价从17000日元跌到了15000日元的水准。

"为什么日本银行在买入，股价却会下跌呢？"有这种疑惑的人应该不少吧？

本来在增加额度之前，一日约买入700亿日元，到了3月17日时，买入金额达到了约1200亿日元。

[来源]e WARRANT JOURNAL

[来源]MONEX证券

进入因不利因素而上涨的
经济泡沫行情了

　　新冠肺炎疫情触发了各国发布外出的禁令以及出行限制，随之大街上的店铺都关闭了。受此影响，美国的失业者增多了。

　　看下一个图表就能明白，新冠肺炎疫情的冲击让美国新的失业保险申请件数刷新了1967年以来的新高。但是，不知道是不是数字比市场想象的要好，纽约道琼斯指数却开始上涨了。

　　当然，也可能是美国政府的紧急经济政策奏效了吧。不过，实体经济在新冠肺炎疫情的肆虐下遭受了无法估量的重创，并且不知道什

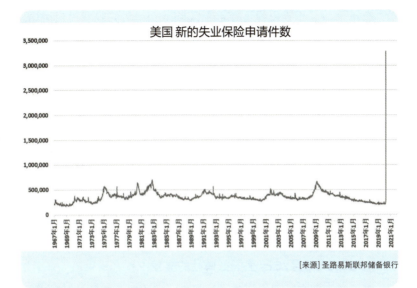

[来源] 圣路易斯联邦储备银行

么时候能够恢复，还处于前途未卜的状态下股价居然开始上涨了。

这虽然与日本不同，并不是由中央银行买入股票来支撑股价的，但也属于置实体经济于不顾，自顾自地上涨的一种。实体经济明显停滞不前，而股价却在上涨。这也是泡沫市场。

随着美国股市的上涨，日本的股市也无视企业的业绩恶化开始上涨了。

- 在发布了业绩恶化的年报的第二天，股价居然上涨了
- 每次播出经济衰退的新闻之后，日经平均指数总是上涨
- 支付不起购房贷款的人在急剧上升中，依然上涨的日经平均指数

有一个叫"死猫反弹"（Dead Cat Bounce）的股票投资用语。这一词来自"如果从高处下跌的话连死猫都会反弹"之意，指的是市场在大幅下跌后会出现短暂的反弹。

正如这句话所表达的那样，就连业绩恶化到已经恢复无望的公司的股价，也有在暴跌之后出现短暂反弹的情况。

乍一看股价像是跌到底了，所以想要抄底的投资者们蜂拥而至，又让股价一时上涨了。但是，已经死了的股票即便出现了短暂的反弹也还是死的，之后必定还会下跌，所以不要碰，说的就是这样的一个教训。

● **2020年3月26日 美国彭博社的文章**

美国劳工部在26日发布的上周新失业保险申请件数创了过去新高，激增至328万件。为了阻止新型冠状病毒感染的扩大，相继出现了很多企业停工、减员的情况。

新冠肺炎疫情导致经济停滞

为了防止新冠肺炎疫情冲击导致经济突然不景气，日本政府以"融资"和"救济金"的形式发放了现金。

但是，在经济前景不明朗的状况下，很多人会把这个钱存起来，而不是拿去消费，如果这样，是达不到预期的经济效果的。

无人合约机器的搜索网站"阿童木君"（https://mujin-keiyakuki.net/），在网络问卷制作工具"SURVEROID"上，实施了一项关于10万日元救济金的使用途径的调查。根据这项调查得知，10万日元救济金的用法排在前三位的分别是，第一位"储蓄、还贷款"，第二位"在家隔离期间的餐饮费"，第三位"交房租"。

对这个信息进一步解读的话，如下所示：

- 新冠肺炎疫情导致人们不外出了
- 新冠肺炎疫情导致倒闭的公司增加
- 国家在发钱（←这是税金）
- 向个人、法人的账号汇入现金
- 由于经济前景不明朗，所以，都不敢用钱而是存起来了
- 许多公司在不影响经济的情况下破产

不管政府怎样发钱，如果需求得不到恢复的话，经济是没法恢复的。在没有需求的状况下，向个人和企业持续发钱，是解决不了问题的。

这个关键的"需求"，我感觉在新冠肺炎疫情的冲击下，似乎彻底把我们的"价值观和行为改变了"。

因为生活环境的骤然改变，人们的出行受到了限制，催生了新的价值观。这种改变不会因为新冠肺炎疫情结束就回到原来的样子，况且新冠肺炎疫情短时间内可能也不会完全结束。它潜在着一种像季节性流行感冒那样，以后每年都流行一段时间的可能性。

世界已经再也回不到新冠肺炎疫情之前的样子了。

通过新冠肺炎疫情我们懂得的事情

新冠肺炎疫情之前，在企业的广告宣传下，不知不觉间相信了那些不需要的东西是自己"需要的"。但是，在新冠肺炎疫情期间半强制的自主隔离氛围下行动受限，公司的远程办公和大学的在线课程一下子就普及开了，通勤与通校，也变得不再那么绝对了。甚至让人怀疑，每天挤在满满当当的电车里，晃晃荡荡的"民族大移动"到底算什么呢。

就这样开始慢慢意识到，其实"那些并不是多么必要的"。以前认为理所当然的"坐电车通勤""在办公室办公""国内、国外的出差""公司聚餐"等等，也并非必不可少的。

其实，不用每天早上都挤在满满当当的电车上去公司，然后坐在公司的办公桌上完成工作，在家办公是完全可能的，如果在电脑或智能手机上装上Zoom等视频会议的应用程序，那么在家开会也没有任何问题。

在新冠肺炎疫情扩散到全球的情况下，由于通过视频会议进行商业洽谈的形式也得到了大家的共同认可，所以以到现在为止不必要的出差也省了，不必在交通上花高价钱坐新干线或飞机移动到国内外了。而且，连上Zomm就可以网上聚餐了。

另外，在恋爱方面，价值观从"想和很多新人认识"转变为"想和特定的一个人建立深层关系"的人也增加了。由于在家度过的时间增加，人们重新意识到了自己与家人、与自己的爱人之间的纽带关系是多么的重要。

当然，工作和私生活方面，直接与人见面是很重要的，但至少让人们切身地体会到了这些"在网上也完全可以应对得了"。

也就是说，新冠肺炎疫情让我们的行动受限了，可这也让我们在行动时强行采取了断、舍、离。而且，实际上当放下了很多东西之后，居然发现，"嗯？到现在一直都认为必要的东西，即使没有了，也没觉得哪里不方便"。

新冠肺炎疫情之前的价值观虽然不会被完全淘汰，但这个在新冠疫情中发现的"新的价值观"，可能有很多人会将其运用到以后的生活中。

与新冠病毒共存时代的股市投资

在与新冠病毒共存的"新价值观"下，若想应对股市的投资，就必须把新冠病毒之前的价值观融入进来共存才行。

必须要预测新价值观的介入可能带来的投资风险，并且要为此做好准备。

正如前面所述，个人投资者一般情况下大都只会采用"看多开仓"，因此股价上涨时，虽然可以获利，但下跌时就会亏钱。可是，**专业的投资者基本都会采用"买入"和"卖出"两种策略，所以不管股市上涨还是下跌都可能赚取利润。**

下面介绍的就是采用"买入"和"卖出"这两种策略的情况。

● **买入**
◎ 预计今后会上涨的股票   ◎ 被低估的股票

● **卖出**
× 预计今后会衰退的股票   × 被高估的股票

例如，因新冠疫情在家办公的情况增多，外出就餐以及出远门的需求减少时，就采用下面的策略。

● **买入**
◎ 在线会议服务   ◎ 在线购物
◎ 网络安全   ◎ 在线广告
◎ 外卖服务

● **卖出**
× 会议室租借   × 餐饮店
× 办公室管理   × 线下广告
× 航空公司

通过采取这样的策略，无论市场整体是上涨还是下跌，只要股价与预料的一样，就都有可能赚得利润。

但是，这种规避风险的方式也有缺点。那就是虽然规避了风险，但想要获得大的回报率，就没那么容易了。

洞见"变化的事物"和"不变的事物"

如果有人问:"什么样的公司的股票会上涨?"我会这样回答:"那些提供大家都想要的商品和服务的公司。"不管时代如何变化,这个基本原则是不会变的。

只要是能提供大家想要的商品以及服务,并且被购买了,那么这家公司的业绩就会增长。相反,如果做不到,那么就会逐渐地衰退。

这可能是很久以前的事情了,在1956年(昭和31年)的经济白皮书上有题为"现在已不是战后"的文章中记载着,随着日本宣布战后复兴的结束,洗衣机、冰箱、黑白电视这3个电器被称为"三种神器",成为当时大家特别想入手的东西。

因此,松下电器产业(现在的Panasonic)和日立制作所、东京芝浦电气(现在的东芝)等公司的业绩得以飞速发展。

再看看现在的时代如何吧。洗衣机、冰箱、彩电、电饭锅、空调、微波炉等电器已经成了标配,市场已经都饱和了。

日本的大型家电厂商的股价不再上涨,就是因为它们的强项被国外的工厂抢夺,"已经提供不了大家想要的商品和服务了"。

那么,现在的世界需要怎样的商品和服务呢?大家想要的东西发生改变时，就是财富发生最大流动的时候。新冠肺炎疫情的蔓延，让世人的价值观一下子改变了，人们的行为也发生了巨大的变化。

新冠肺炎疫情带来了巨大的冲击，同时也导致人们的需求与消费行为发生了戏剧性的改变。

已经发生改变的人们的欲望所指之处，才是新的高速成长型公司（小盘股）崭露头角的地方。

→ 新冠肺炎疫情引起的价值观的变化

● 商业的变化
之前 开发新客户/市场
之后 与现有客户直接联系

● 生活方式的改变
之前 住在市区通勤
之后 住在市外在线办公

● 社交方式的改变
之前 与很多不特定的人进行广泛而浅薄的交往
之后 与少数特定的人保持狭义且深厚的关系

● 办公室的变化
之前 在市里黄金地带的新大厦
之后 已不需要

● **人事评价的变化**

`之前` 年功序列、时薪制、氛围评价、要点评论

`之后` 转移到远程办公的结果至上

● **金钱的变化**

`之前` 经济上的成功才是人生的成功

`之后` 在度过充实的时光的同时赚钱

想要通过集中投资小盘股不断取得成功，所需要的一个视点就是看清楚"变化的"和"不变的"。

很多人总是被"变化的"事物所吸引，如果一味地这样，就会一直被眼前的状况和世间变化的事物耍得团团转。

很快发生"变化的事物"，那不是本质的东西。无论是在投资、商业、人际关系上，想要理解它们的本质，我认为有必要将注意力转向那些"不变的事物"上。

由于新冠肺炎疫情的蔓延，我们的行动受限，但越是有这样的变化，就越适合看清"变化的事物"与"不变的事物"。

比如，因为新冠肺炎疫情导致了外出受限，在餐饮店的聚餐减少，但取而代之"在线聚餐"的需求却增加了。除此之外，还有工作会议、与友人一起喝茶、打麻将以及卡拉OK的在线需求也增加了。

餐饮店从实体转到线上，方式上虽然有变，但"想要与他人交流"的需求和欲望没有变。

由于餐饮店都缩短了营业时间，所以外出就餐的需求确实减少了，但取而代之的是外卖需求的激增。这又是从外出就餐的方式转到在线下单的方式，转变的是方式，而"想吃好吃的"这个欲求却没有发生改变。

如果能聚焦于那些"不会改变的事物"进行本质上的投资，那么无论世界如何变化都能够灵活应对了。

世界上存在的所有事物皆可以分为"变化的事物"和"不变的事物"这两种。"变化的事物"往往看起来总是在流行的最前端，光辉耀眼以至吸引人们纷至沓来，所以股价也会因此暴涨。但是真正重要的是，投资时要聚焦于本质的"不变的事物"上。

这样做，我们对世上流行的事物和本质不变的事物就会看得更加清晰，从而能够做出冷静的投资判断。

结语

　　我的上一本书《10万日元起步！通过集中投资小盘股赚得1亿日元》，非常幸运地获得了广大读者的好评。而在这本书中，则增添了许多更有实践性的内容。

　　为了能让投资的初学者容易理解，书中尽可能地避免了晦涩难懂的语言，本书讲的不是技巧性的内容，本书注重的是"理解本质"的内容。

　　为了让大家理解到本质，里面使用了丰富的比喻和实例。严格地讲，有些表述或许会略有差异，但那是因为相比细枝末节更加优先了"理解"的结果。

　　因为人们对未来感到不安、对前景感到不明朗，以及新冠肺炎疫情带来的价值观变化等，想要开始投资的人增多了。

　　作为公司职员，生活在以"劳动"换取相应工资的实体经济圈，已经让人感受到了极限，我认为在将来，把自己的资产"投资"到所谓金融的经济圈里运营是必不可少的。

　　在做投资时，最重要的就是"勿忘本质"。

在金融世界里，因为人们的行为和情绪的变化，市场会出现非常多的与本质完全剥离的暂时性的波动。这时，如果能够冷静地看清本质再做判断，就能在中长期不断地积累资产。

但是，如果看不到本质而被眼前的利益所左右，无法做出冷静的判断，就可能造成好不容易积累的资产大幅缩水的结果。

实体经济也好，金融经济也好，其本质都是"让大家变得幸福"。不能让大家幸福的生意是不会长久的，不能让大家幸福的公司的股价也不能长期上涨。这是本质。

如果你是按照事物的本质进行投资的，资产就会增加，你的投资也会让世界变得更加有趣，让人们变得更加幸福。

本来是以支持实体经济为目的而诞生的金融经济，已经与实体经济发生巨大的分离，自顾自地不断地膨胀。而且，金融经济已经具备了对实体经济产生巨大影响的力量。

驾驭这个金融经济的就是我们这些投资者。我们这些投资者如果能够依照本质进行投资的话，实体经济也会从根本上变好。

但是，只要我们这些投资者，一直持续这种只重视眼前利益的短视投资的话，通过金融经济来活跃实体经济的目的就难以实现。

如果能看透本质进行投资，并且成功的投资者增多，那么我相信这个世界将会变得更加美好。

想要在股市的投资中不断地获胜，非常重要的一点就是"不能退场"。

碰巧赶上了上涨的趋势，一时间积累了巨额的资产，但之后，由于股市暴跌失去一切，最终不得不退出股市的投资者非常多。如果是这样，那么就像是在做一场最终要把钱输光的投资一样。

只要不退出股市，就一定还会有机会。股票的投资是可以在事前对最糟糕的事态做出预料的。很多人在投资时只有"赚钱的想法"，而没有提前预料相反事态发生时该如何应对的想法。于是，当把全部资产输光时，才失落地哀叹："这简直就是意料之外啊……"

可是，我想在此明确地指出，那不是"意料之外"，那只是"懒于预料"罢了！

"如果总资产减少了三成，那就休息。"

这句话也适用于公司的经营管理，如果损失占整体的三成以内，那么平仓止损之后还可以重新开始。但是，如果损失超过了三成，那么即使想平仓止损然后重新再来，也会变得很困难。因为，这时候的平仓止损已经变得非常困难了。

资产如果减少了三成，就应该先撤离市场休息一下。等一切都平静下来了，再次回到投资的世界，这种给自己空闲时间的做法是非常重要的。

最后，我要向在编辑本书时多次为我拙劣的文章做出检查和编辑的钻石社的藤顺老师、将我想要表达内容的本质用完美的插图呈现出来的插画师伊藤哈姆斯特老师，负责设计出让读者容易理解的整版书籍的设计师渡边雄哉老师以及为这次执笔提供了很多想法的社群IXI的群友们，表示真诚的谢意。

对于本书中那些阐述得比较深入的内容，或许有的读者会觉得稍微难以理解。

不过书中介绍的大量的内容，是我认为实际开始投资时一定会遇到的实践性内容。

如果本书能为大家增加资产、度过充实的人生提供一点帮助，那将是著者最大的喜悦。

远藤洋

2020年11月

写于东京市中心

逻 辑 模 型

思考、表达、写作逻辑精进图鉴

ISBN：9787515361512
著 者：（日）西村克己
出版社：中国青年出版社
定 价：59.00元

是否常被人质疑"你到底想说什么？"

是否总面对如山的工作感觉无处下手？

是否自觉勤恳认真却总被埋怨不够高效、抓不住重点？

本书用生动的图解揭秘：问题的根本往往在于逻辑。

作者精选了思考逻辑、表达逻辑、写作逻辑等三个方面的提升方法，对比"有逻辑的人"和"无逻辑的人"在日常生活和工作中的巨大差别，帮助读者挖掘问题背后潜藏的"根本原因"。启发读者在有限的时间内优先选择更清晰、更全面、效果更突出的解决方案，提升问题解决力，更准确地表达自己的想法，提高话语说服力。

◆ 这是一本适用工作、生活多场景的实用逻辑训练手册。低效、混乱、无重点等问题的根本往往在于逻辑，普通人和精英的差距往往也是不同的行事逻辑造成的。本书提供了思考、表达、写作三个日常领域的基础逻辑模型，帮助读者修补自己的逻辑bug，提升问题解决力。

◆ 图文并茂，可读性强。用生动的图解展示了无逻辑的后果和原因，在清晰梳理的基础上给出简单易行的改善方法，即学即用，改变立刻发生。

◆ 尤其适合渴望升级转型的职场人士，好的逻辑是成人、成事、成功的基础，逻辑思维能力是成长必修的底层技能。

西村克己

管理咨询师。1982年硕士毕业于东京工业大学经营工学专业，后就职于富士胶片株式会社。1990年进入日本综合研究所担任主任，担任企业经营顾问，负责员工培训与演讲等方面的工作。2003年任日本芝浦工业大学工学、管理学研究科教授，且在2008年担任客座教授。

思考模型
顶级高手思维和行为的根本解

◆主题明确：一本书汇总60种思考方法。

◆内容高级：对于个人的有效价值自不必说，对于团队也合适使用。

◆图文结合：全书详细图解60种不同的思考法，内容直观明了，便于实践。

ISBN：9787515365640
著　　者：（日）AND株式会社
出版社：中国青年出版社
定　　价：69.00元

这是一本讲思考模型的管理类图书。

你是不是有以下这些情况：

没灵感、想不出企划文案、无法好好传达想法、遇到突发状况会手忙脚乱……

为什么有些人很快就能走出思考盲点，可以快速地提出应对方案？

其实，只要学会善用各种不同的思考架构，融会贯通，就能突破你的思考瓶颈，产生不一样的新想法。尤其在解决问题前，要先找到正确的思考方向，才能为你找出对的问题，并将问题化繁为简，迅速导出解决方法。

本书系统地将各种思考方法图式化，把无形且抽象的思考方法变成有形的具体脉络与架构，提供认知连结行动的路径，用系统性说明帮助大家更容易了解思考的本质，厘清混乱思绪，切入问题核心，使思维更清晰，让表述更明确，将结果明白呈现出来。